ACCESO GRATIS *a la Lectura en la Nube*

Para visualizar el libro electrónico en la nube de lectura envíe junto a su nombre y apellidos una fotografía del código de barras situado en la contraportada del libro y otra del ticket de compra a la dirección:

ebooktirant@tirant.com

En un máximo de 72 horas laborales le enviaremos el código de acceso con sus instrucciones.

ESQUEMAS DE DERECHO LEGISLATIVO FEDERAL

ESQUEMAS DE DERECHO LEGISLATIVO FEDERAL

El funcionamiento de las Cámaras del Congreso General de los Estados Unidos Mexicanos

PUBLIO RIVERA RIVAS

tirant lo blanch
Ciudad de México, 2025

© EDITA: TIRANT LO BLANCH
DISTRIBUYE: TIRANT LO BLANCH MÉXICO
Av. Tamaulipas 150, Oficina 502
Hipódromo, Cuauhtémoc, 06100, Ciudad de México
Telf: +52 1 55 65502317
infomex@tirant.com
www.tirant.com/mex/
www.tirant.es
ISBN: 978-84-1169-599-2

Si tiene alguna queja o sugerencia, envíenos un mail a: *atencioncliente@tirant.com*. En caso de no ser atendida su sugerencia, por favor, lea en *www.tirant.net/index.php/empresa/politicas-de-empresa* nuestro Procedimiento de quejas.

Responsabilidad Social Corporativa: http://www.tirant.net/Docs/RSCTirant.pdf

Índice

INDUCCIÓN AL PODER LEGISLATIVO FEDERAL

FUNCIONAMIENTO ORDINARIO DE LAS CÁMARAS

ÓRGANOS DE GOBIERNO DE LAS CÁMARAS DEL CONGRESO GENERAL DE LOS ESTADOS UNIDOS MEXICANOS

FORMATOS PARA PRESENTACIÓN DE DOCUMENTOS PARLAMENTARIOS

PROCEDIMIENTOS JURISDICCIONALES

Presentación

Este libro, está dedicado especialmente para aquellas personas que tiene interés en el trabajo parlamentario, jóvenes estudiantes, recién egresados y profesionistas que se involucran en las tareas legislativas en las Cámaras del Congreso. Se presenta como una contribución al conocimiento del andar legislativo, ha sido resultado de la experiencia compartida de transitar por los espacios parlamentarios y tener a mi cargo la loable encomienda del proceso legislativo en su parte fundamental y sustantiva, es decir, la dictaminación de los proyectos legislativos que son puestos a consideración de los integrantes de las cámaras del Congreso General de los Estados Unidos Mexicanos.

Tiene una pretensión ambiciosa, que cuando usted procure su lectura descubra en él un texto de apoyo y se convierta en una herramienta básica para entender cómo funciona el parlamento mexicano y con ello, facilitar su participación en el mismo, ya sea como asesores, secretarios técnicos, o incluso como miembros de alguna de las Cámaras del Congreso Mexicano. Sin duda la pretensión es alta, pero esa es la motivación de haberlo escrito y presentado en la forma gráfica que encontrará en sus páginas.

Ojalá de su lectura, se convierta también en una guía que se comparta entre tantos y tantas personas que habitualmente transitan en la vida parlamentaria, tal cual como la de mis compañeras y compañeros con quienes he compartido la vida parlamentaria y de quienes por su experiencia me he valido también para que fuese posible quedara en este texto.

Tal cual como la palabra "parlamentar" lo predice, que sea éste un mero encuentro para entre quienes, motivados por el interés de la vida parlamentaria, conversemos sobre lo esquematizado y mantengamos sólida la función fundamental del trabajo técnico parlamentario.

Que os resulte de interés y utilidad, parlamentaristas.

INDUCCIÓN AL PODER LEGISLATIVO FEDERAL

Poder Legislativo. Naturaleza y funciones Constitucionales

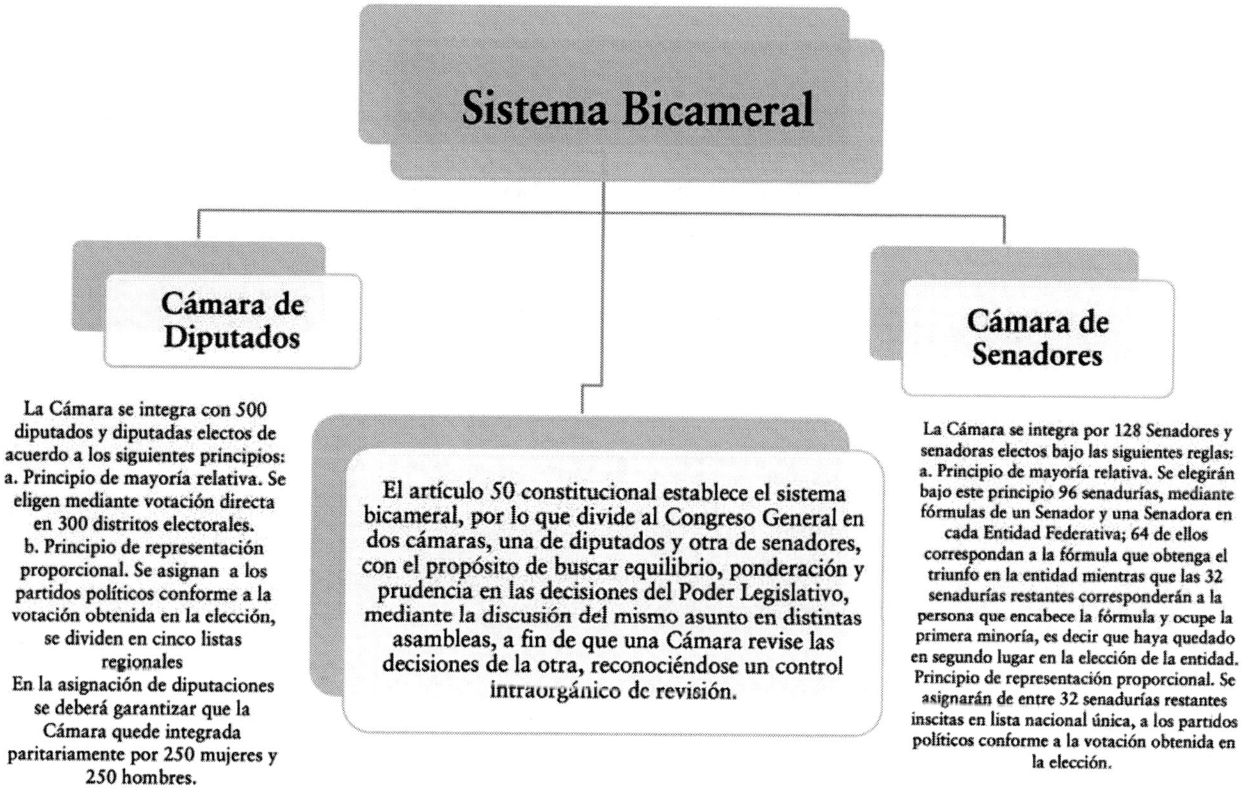

Sistema Bicameral

Cámara de Diputados

La Cámara se integra con 500 diputados y diputadas electos de acuerdo a los siguientes principios:
a. Principio de mayoría relativa. Se eligen mediante votación directa en 300 distritos electorales.
b. Principio de representación proporcional. Se asignan a los partidos políticos conforme a la votación obtenida en la elección, se dividen en cinco listas regionales
En la asignación de diputaciones se deberá garantizar que la Cámara quede integrada paritariamente por 250 mujeres y 250 hombres.

El artículo 50 constitucional establece el sistema bicameral, por lo que divide al Congreso General en dos cámaras, una de diputados y otra de senadores, con el propósito de buscar equilibrio, ponderación y prudencia en las decisiones del Poder Legislativo, mediante la discusión del mismo asunto en distintas asambleas, a fin de que una Cámara revise las decisiones de la otra, reconociéndose un control intraorgánico de revisión.

Cámara de Senadores

La Cámara se integra por 128 Senadores y senadoras electos bajo las siguientes reglas:
a. Principio de mayoría relativa. Se elegirán bajo este principio 96 senadurías, mediante fórmulas de un Senador y una Senadora en cada Entidad Federativa; 64 de ellos correspondan a la fórmula que obtenga el triunfo en la entidad mientras que las 32 senadurías restantes corresponderán a la persona que encabece la fórmula y ocupe la primera minoría, es decir que haya quedado en segundo lugar en la elección de la entidad.
Principio de representación proporcional. Se asignarán de entre 32 senadurías restantes inscitas en lista nacional única, a los partidos políticos conforme a la votación obtenida en la elección.

Funciones Constitucionales

1. Función Representativa

Los órganos legislativos, representan fundamentalmente a la sociedad, a la población en su conjunto, por ello se establecen criterios para que todos los sectores y distintos grupos sociales puedan formar parte de las Cámaras del Congreso. La Función representativa conlleva la inminente función de representar lo que la sociedad es, y con ello representar los intereses de quienes representan, en sociedades pluridiversas los partidos políticos tienen la tarea fundamental de promover la participación del pueblo en la vida democrática, para cumplir con esta función constitucional.

2. Función Deliberativa

Consiste en garantizar la discusión de los asuntos competencia de las Cámaras, y que en los debates parlamentarios las decisiones prevalezca el análisis, discusión y votación con la participación de las diversas fuerzas políticas representadas en su seno. Las deliberaciones deberán quedar plasmadas en el diario de los debates y sirven para conocer las distintas posiciones en torno a los temas discutidos por las Cámaras del Congreso.

3. Función Legislativa

Consiste fundamentalmente en resguardar el orden constitucional a través de la creación de las leyes, emitir decretos de observancia general y configurar el orden jurídico nacional. Corresponde al Congreso de la Unión ser el principal órgano responsable de guardar y hacer guardar la constitución a través de los decretos y leyes que emita, puesto que éstos deben ser acorde al desarrollo de funciones y facultades que la Constitución ordena para el resto de los poderes de la unión y órganos que ella mandata

4. Funciones de Control

Actividad que ejerce el Congreso sobre los otros órganos del Estado, con el fin de tutelar que el desempeño de éstos se lleve a cabo.

Esta función la ejerce en 4 rubros generales:

- Presupuestario o financiero
- Político
- Jurisdiccional
- Administrativo.

6. Función Jurisdiccional

Implica la facultad de las Cámaras del Congreso de instaurar procedimientos a manera de juicio para deliberar sobre asuntos relacionados con responsabilidad administrativa y política de los servidores públicos, como lo es el caso del procedimiento en el que se declara desaforar a un funcionario público y que pueda ser procesado ordinariamente, así como el procedimiento de Juicio Político.

7. Función relativas al Territorio

De acuerdo con lo dispuesto por el artículo 134 Constitucional, todo aquello que no esté expresamente atribuido a la Federación se considera competencia de las entidades federativas. En ese sentido el federalismo mexicano dispone que ante los conflictos que puedan suscitarse entre las entidades federativas el Senado de la República pueda conocer sobre éstos y tomar determinaciones de forma pacífica que resuelva la situación en conflicto, y si fuera el caso hacer la declaratoria de desaparición de poderes de una entidad federativa y reestablecer el orden constitucional.

8. Función Política

Corresponde a las Cámaras del Congreso, participar en la determinación de los objetivos de la política nacional y selecciona instrumentos para alcanzarla, como lo es la aprobación el Plan Nacional de Desarrollo y del Presupuesto de Egresos de la Federación. Delimita los objetivos globales, las acciones puntuales que deben desarrollarse, condicionando la acción del gobierno estableciendo determinados fines y obligaciones que éste debe cumplir.

Funcionamiento del Poder Legislativo Federal

Normas constitucionales relativas al funcionamiento del Congreso

Residencia de las Cámaras: Las dos Cámaras residirán en un mismo lugar y no podrán trasladarse a otro sin que antes convengan en la traslación y en el tiempo y modo de verificarla, designando un mismo punto para la reunión de ambas. Pero si conviniendo las dos en la traslación, difieren en cuanto al tiempo, modo y lugar, el Ejecutivo terminará la diferencia, eligiendo uno de los dos extremos en cuestión. Ninguna Cámara podrá suspender sus sesiones por más de tres días, sin consentimiento de la otra. **(Art. 68 CPEUM)**

Los recintos del Congreso y sus Cámaras son inviolables. Toda fuerza pública está impedida de tener acceso a los mismos, salvo con permiso del Presidente del Congreso, de la Cámara respectiva o de la Comisión Permanente, según corresponda (Art. 12 LOCGEUM).

Protesta Constitucional de Diputados y Senadores

Mandato constitucional por el que todo servidor público se compromete a guardar la Carta Magna antes de dar inicio al ejercicio de las responsabilidades inherentes a su encargo. La Constitución señala en el artículo 128 que "todo funcionario público sin excepción alguna, antes de tomar posesión de su encargo, prestará la protesta de guardar y hacer guardar la Constitución y las leyes que de ella emanen".

Remuneraciones de los Legisladores

El artículo 127 de la CPEUM señala que los servidores públicos de la Federación recibirán una remuneración adecuada e irrenunciable por el desempeño de su función, empleo, cargo o comisión, que deberá ser proporcional a sus responsabilidades.

Períodos de Sesiones Ordinarias

- **Primer Período:** Del 1 de Septiembre al 15 de Diciembre de cada año. Cuando el Presidente de la República inicie su encargo, el Congreso podrá extender sus sesiones hasta el 31 de Diciembre de ese mismo año.
- **Segundo Período:** Del 1 de Febrero al 30 de Abril de cada año.

(Arts. 65, 66 y 83 de la CPEUM.)

Períodos de Sesiones Extraordinarias

- El Congreso o una sola de las Cámaras cuando se trate de un asunto exclusivo de ella, se reunirán en sesiones extraordinarias cada vez que los convoque para ese objeto la Comisión Permanente, pero en ambos casos, sólo se encargarán del asunto o asuntos que la misma Comisión sometiese a su conocimiento. (Art. 67 CPEUM)

- Número mínimo de legisladores cuya presencia es necesaria para sesionar válidamente en los órganos legislativos —el Pleno de las Cámaras del Congreso o de sus comisiones—, a fin de poder tomar decisiones o realizar votaciones legítimas de los asuntos que desahogan.
- El Reglamento de la Cámara de Diputados y del Senado de la República establecen que el quórum se constituye con la asistencia de la mitad más uno de los integrantes de la Cámara (Art. 63 CPEUM).
- El artículo 64 de la CPEUM señala que los Diputados y Senadores que no concurran a una sesión, sin causa justificada o sin permiso de la Cámara respectiva, no tendrá derecho a la dieta correspondiente al día en que falten.

Procedimientos establecidos en la Constitución

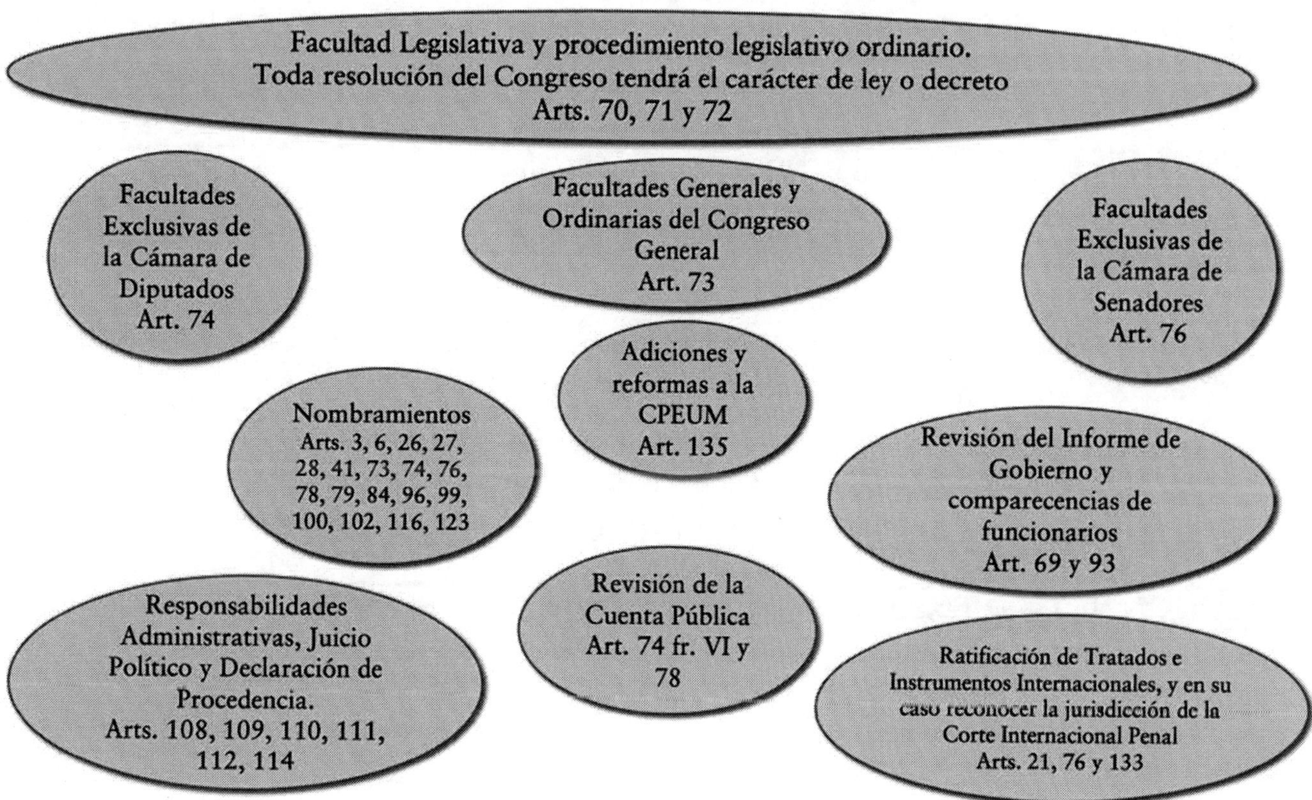

ADICIONES Y REFORMAS A LA CPEUM. (Art. 135)

Para que la Constitución pueda ser reformada se requiere que el Congreso de la Unión por el voto de las dos terceras partes de los individuos presentes acuerden las reformas o adiciones y que éstas, sean aprobadas por la mayoría de las Legislaturas de los Estados y de la Ciudad de México.

PROCESO LEGISLATIVO FEDERAL ORDINARIO. (Art. 70, 71 y 72)

Es el conjunto de actos y procedimientos legislativos, concatenados cronológicamente, para la formación de leyes, así como para reformar la Constitución.

PROCESO PRESUPUESTARIO. (Art. 74 Fr. IV)

El Ejecutivo Federal remite la Iniciativa de Ley de Ingresos y Presupuesto de Egresos a más tardar el 8 de septiembre de cada año.

La Cámara de Diputados aprobará el PEF a más tardar el 15 de noviembre de cada año, previo análisis y discusión de la Iniciativa enviada por el Ejecutivo Federal.

Al inicio del periodo de gestión del Gobierno de la República, la fecha de presentación del proyecto de PEF será a más tardar el 15 de noviembre, debiendo la Cámara de Diputados aprobarlo a más tardar el 31 de diciembre.

REVISIÓN DE LA CUENTA PÚBLICA. (Art. 74 Fr. VI)

La Cámara de Diputados realizará la revisión de la Cuenta Pública a través de la Auditoría Superior de la Federación.

La Cámara concluirá la revisión a más tardar el 31 de octubre del año siguiente al de su presentación.

Nombramientos

CÁMARA DE DIPUTADOS

- Consejeros del Consejo Nacional de Evaluación de la Política de Desarrollo Social
- Ratifica al Secretario de Hacienda
- Titular de la ASF
- Consejeros del INE

CÁMARA DE SENADORES

Comisionados del INAI

Ministros de la SCJN

Dos miembros del CJF

Miembros del INEGI

Magistrados de la Sala Superior y regionales del TEPJF

Comisionados COFECE e IFETEL

Fiscal General de la República

Magistrados del TFJA

Presidencia de la CNDH

Magistrados de los Tribunales Electorales de las Entidades Federativas

Magistrados del TSA

Consejeros de la Judicatura Federal

Ratifica los nombramientos que el Presidente haga de embajadores, cónsules generales, empleados superiores de hacienda, integrantes del órgano colegiado encargado de la regulación en materia de energía, telecomunicaciones y competencia económica, coroneles y demás jefes superiores del Ejército, Armada y Fuerza Aérea Nacionales.

COMISIÓN PERMANENTE

Ratifica los nombramientos que el Presidente haga de embajadores, cónsules generales, empleados superiores de hacienda, integrantes del órgano colegiado encargado de la regulación en materia de energía, coroneles y demás jefes superiores del Ejército, Armada y Fuerza Aérea Nacionales.

Funcionamiento del Poder Legislativo Federal

Informes (Arts. 69 y 93 CPEUM)

Informe: Es el documento que se realiza por el Ejecutivo Federal con el informe del estado general que guarda la Administración pública de la Federación durante el año de gobierno, se presenta al **Poder Legislativo Federal el 1º de septiembre en la apertura del periodo ordinario de sesiones.** En el mismo sentido los órganismos constitucionales autónomos y dependencias federales tienen el deber de presentar informes ante las Cámaras del Congreso, anualmente y dar cuenta de ellos.

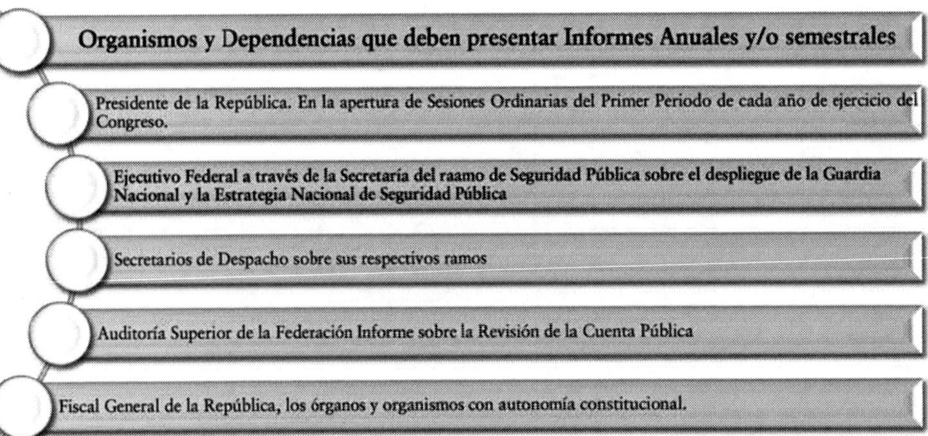

Comparecencias

Presencia de funcionarios públicos ante las Cámaras del Congreso de la Unión o ante comisiones, para informar sobre el estado que guardan los ramos de la administración pública bajo su responsabilidad.

¿Quiénes comparecen?

- Secretarios de Despacho y titulares de las dependencias de la Administración Pública Federal centralizada y descentralizada.
- Fiscal General de la República y titulares de los órganos y organismos con autonomía constitucional.
- Directores y administradores de los organismos descentralizados y de empresas de participación estatal mayoritaria y de los titulares de órganos autónomos, después de la entrega anual del Informe de Gobierno o a petición expresa de las cámaras.
- Las Cámaras del Congreso, en el ejercicio de sus facultades para aprobar o ratificar nombramientos para los cargos que dispone la Constitución, puede citar a comparecer al funcionario propuesto a fin de allegarse de mayores elementos de juicio para que la comisión o comisiones elaboren el dictamen que corresponda.

Otros procedimientos que derivan de la CPEUM

- Sistema de Planeación Democrática. (Art. 26 CPEUM)
- Suspensión para el ejercicio temporal de algunos derechos en casos de excepción y facultad extraordinaria al Ejecutivo Federal para legislar en materia de comercio exterior. (Art. 29 y 131 - CPEUM)
- Arreglo amistoso de límites entre los Estados de la Unión. (Arts. 46 y 76 frcc. X - CPEUM)
- Expedición del Bando Solemne sobre la declaración de Presidente Electo. (Art. 74 frcc. X - CPEUM)
- Análisis de la Política Exterior. (Art. 76 Fr. I y 89 CPEUM)

- Aprobación de Tratados Internacionales y convenciones diplomáticas. (Art. 76 frcc. I - CPEUM)
- Autorización para la salida de tropas nacionales del país, paso de tropas extranjeras por el territorio nacional y estación de escuadras de otras potencias en aguas mexicanas. (Art. 76 Fr. III CPEUM)
- Analizar y aprobar el informe anual que el Ejecutivo presente sobre las actividades de la Guardia Nacional. (Art. 76 frcc. IV - CPEUM)
- Declarar cuando hayan desaparecido todos los poderes constitucionales de una entidad federativa y en su caso nombrar al titular del ejecutivo provisional —mismo que habrá de convocar a elecciones conforme a la ley—. (Art. 76 frcc. V - CPEUM)
- Resolución de cuestiones políticas entre los poderes de una entidad federativa, cuando éstos concurran con ese fin al Senado o bien cuando se haya irrumpido el orden constitucional y medie un conflicto de armas. (Art. 76 frcc. VI - CPEUM)

- Analizar y aprobar la Estrategia Nacional de Seguridad Pública. (Art. 76 frcc. XI - CPEUM)
- Conceder licencia al Presidente de la República y constituirse en colegio electoral y designar en su caso presidente interino o sustituto en los términos de los artículos 84 y 85 de la CPEUM . (Art. 76 frcc. XXVI - CPEUM)
- Aceptar la renuncia al cargo de Presidente de la República. (Art. 76 frcc. XXVII - CPEUM)
- Toma de protesta al titular de la Presidencia de la República. (Arts. 78 y 128 - CPEUM)
- Autorizar las ausencias superiores a siete días del titular de la Presidencia de la República. (Arts. 88 - CPEUM)
- Admitir nuevos estados de la Federación. (Art. 73 frcc. I - CPEUM)

Procedimientos para al Control de la Gestión Financiera

- Aprobación del Plan Nacional de Desarrollo y análisis de sus informes anuales de ejecución. (Art. 74 Fr. VII CPEUM)
- Informes de los secretarios del despacho y comparecencias inherentes. (Art. 69 y 93 CPEUM)
- Aprobación de la Ley de Ingresos por el Congreso, a la luz de los criterios generales de política económica del Ejecutivo Federal (Art. 74 frcc. IV – CEPEUM).
- Aprobación del monto de endeudamiento neto público para el siguiente ejercicio fiscal. (Art. 73 Fr. VIII CPEUM)
- Aprobación del Presupuesto de Egresos por la Cámara de Diputados. (Art. 74 Fr. IV CPEUM)
- Aprobación de la autorización para el ejercicio de facultades al Ejecutivo en materia de importaciones y exportaciones. (Art. 131 CPEUM)
- Solicitud de información y documentación a las dependencias y entidades de la Administración Pública. (Art. 79 CPEUM)
- Comisiones de Investigación. (Art. 93 CPEUM)

Facultades Exclusivas de la Cámara de Diputados

- •Expedir el Bando Solemne para dar a conocer en toda la República la declaración de Presidente Electo que hubiere hecho el Tribunal Electoral del Poder Judicial de la Federación. (Art. 74 Fr. I CPEUM)
- •Coordinar y evaluar el desempeño de las funciones de la ASF. (Art. 74 Fr. II CPEUM)
- •Ratificar el nombramiento que el Presidente de la República haga del Secretario del ramo en materia de Hacienda, salvo que se opte por un gobierno de coalición. (Art. 74 Fr. III CPEUM)
- •Aprobar anualmente el Presupuesto de Egresos de la Federación. (Art. 74 Fr. IV CPEUM)
- •Declarar si ha o no lugar a proceder penalmente contra los servidores públicos que hubieren incurrido en delito en los términos del artículo 111 de esta Constitución. (Art. 74 Fr. V CPEUM)
- •Revisar la Cuenta Pública del año anterior, con el objeto de evaluar los resultados de la gestión financiera. (Art. 74 Fr. VI CPEUM)
- •Aprobar el Plan Nacional de Desarrollo. (Art. 74 Fr. VII CPEUM)
- •Designar por el voto de las 2/3 partes de los presente, a los titulares de los órganos Internos de Control de los órganos constitucionales autónomos. (Art. 74 Fr. VIII CPEUM)

Facultades Exclusivas del Senado de la República

- Analizar la Política Exterior desarrollada por el Ejecutivo Federal. (Art. 76 Fr. I CPEUM)

- Ratificar los nombramientos que el mismo funcionario haga de los Secretarios de Estado, en caso de que éste opte por un gobierno de coalición, con excepción de los titulares de los ramos de Defensa Nacional y Marina; del Secretario responsable del control interno del Ejecutivo Federal; del Secretario de Relaciones; de los embajadores y cónsules generales; de los empleados superiores del ramo de Relaciones; de los integrantes de los órganos colegiados encargados de la regulación en materia de telecomunicaciones, energía, competencia económica, y coroneles y demás jefes superiores del Ejército, Armada y Fuerza Aérea Nacionales. (Art. 76 Fr. II CPEUM)

- Autorizar y aprobar el informe anual que el Ejecutivo Federal le presente sobre las actividades de la Guardia Nacional. Art. 76 Fracc. IV CPEUM)

- Dar su consentimiento para que el Presidente de la República pueda disponer de la Guardia Nacional fuera de sus respectivas entidades federativas. (Art. 76 Fr. IV CPEUM)

- Declarar, cuando hayan desaparecido todos los poderes constitucionales de una entidad federativa, que es llegado el caso de nombrarle un titular del poder ejecutivo provisional,. (Art. 76 Fr. V CPEUM)

- Resolver las cuestiones políticas que surjan entre los poderes de una entidad federativa cuando alguno de ellos ocurra con ese fin al Senado, o cuando con motivo de dichas cuestiones se haya interrumpido el orden constitucional. (Art. 76 Fr. VI CPEUM)

- Erigirse en Jurado de sentencia para conocer en juicio político de las faltas u omisiones que cometan los servidores públicos. (Art. 76 Fr. VII CPEUM)

- Designar a los Ministros de la SCJN. (Art. 76 Fr. VIII CPEUM)

- Autorizar mediante decreto aprobado por el voto de las dos terceras partes de los individuos presentes, los convenios amistosos que sobre sus respectivos límites celebren las entidades federativas. (Art. 76 Fr. X CPEUM)

- Aprobar la Estrategia Nacional de Seguridad Pública. (Art. 76 Fr. XI CPEUM)

- Nombrar a los Comisionados del INAI (Art. 76 Fr. XII CPEUM)

- Integrar la lista de candidatos a Fiscal General de la República; nombrar a dicho servidor público, y formular objeción a la remoción que del mismo haga el Ejecutivo Federal. (Art. 76 Fr. XIII CPEUM)

La Integración y Funcionamiento de la Comisión Permanente

El artículo 78 de la Constitución Política de los Estados Unidos Mexicanos establece que, durante los recesos del Congreso de la Unión habrá una Comisión Permanente compuesta de 37 miembros de los que 19 serán diputados y 18 senadores, nombrados por sus respectivas Cámaras la víspera de la clausura de los periodos ordinarios de sesiones. Para cada titular las Cámaras nombrarán, de entre sus miembros en ejercicio, un sustituto.

La Comisión Permanente contará con las siguientes atribuciones; además de las que le confiere nuestra Constitución:		
- Recibir la protesta del Presidente de la República. - Resolver sobre asuntos de su competencia: Turno de Iniciativas. - Acordar las convocatorias a sesiones extraordinarias.	- Conceder licencia al Presidente de la República. - Conocer y resolver sobre las solicitudes de licencia que le sean presentadas por los legisladores.	- Ratificar los nombramientos que el Presidente haga de: embajadores, cónsules generales, empleados superiores de Hacienda, Integrantes del Órgano Colegiado en materia de energía, coroneles, jefes superiores del ejercito, Armada y fuerza Aérea Nacionales.

Proceso Legislativo Ordinario

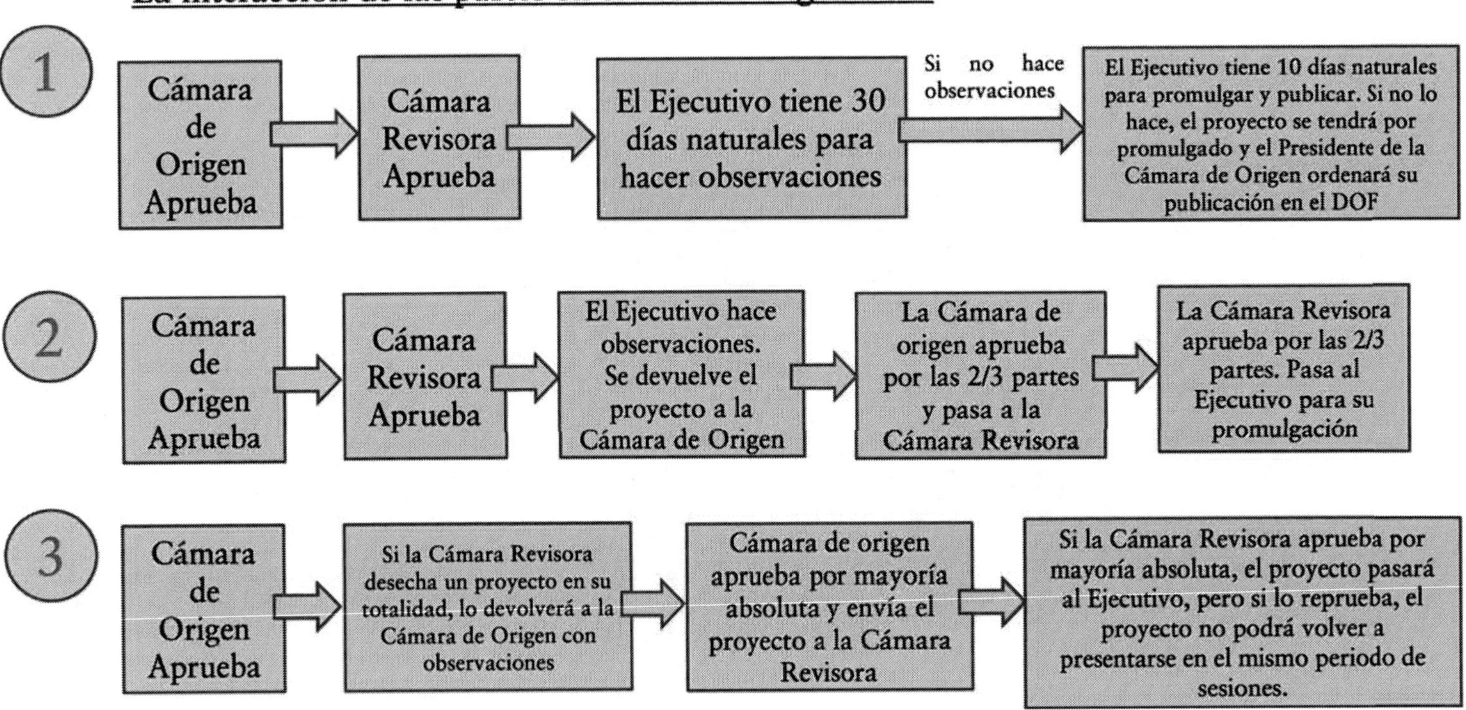

La interacción de las partes en el Proceso Legislativo.

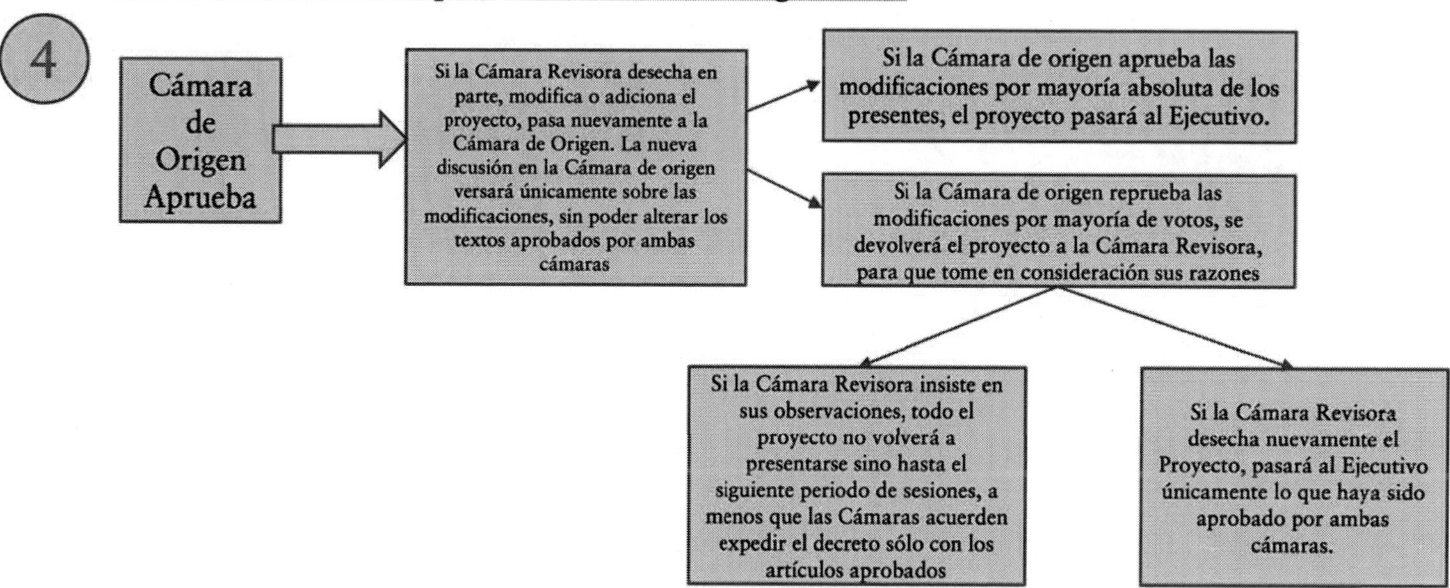

Nota: Todo proyecto de ley o decreto que fuere desechado en la Cámara de su origen, no podrá volver a presentarse en las sesiones del año.

Publicación de Ley o Decreto

Artículo 72, Inciso a), de la CPEUM

Establece que, aprobado un proyecto en la Cámara de su origen, pasará para su discusión a la otra. Si ésta lo aprobare, se remitirá al Ejecutivo, quien, si no tuviere observaciones que hacer, lo publicará inmediatamente.

Artículos 2 y 4 de la Ley del Diario Oficial de la Federación y Gacetas Gubernamentales

La publicación de la Ley, así como su adecuada distribución y divulgación, en condiciones de accesibilidad y simplificación en su consulta, es una obligación del Ejecutivo Federal.

Proposiciones Generales

Procedimiento para las proposiciones que no constituyen iniciativa de ley o decreto

Los Diputados y Senadores también presentan proposiciones con punto de acuerdo, con el objeto de atender asuntos que no constituyen iniciativas de ley o decreto.

Una proposición con Punto de Acuerdo, es toda petición o declaración formal que el Pleno realiza para asumir una postura institucional respecto a asuntos de diversas índoles y sin carácter vinculante, en función de su objeto se clasifican en: Exhorto, de Pronunciamiento, de Recomendación y de Convocatoria.

Reglamento de la Cámara de Diputados
(Art. 79)

Reglamento del Senado de la República
(Art. 276)

La Comisión Permanente del Congreso de la Unión, por ningún motivo resuelve sobre iniciativas de carácter legislativo. No modifica la Constitución, ni emite o modifica leyes. Sin embargo, sus resoluciones atienden al artículo 70 y 78 constitucionales por lo que los acuerdos o resolutivos tendrán el carácter de decreto, por ejemplo la declaratoria de que se ha reformado la Constitución o la convocatoria a sesiones extraordinarias.

Durante la Comisión Permanente se crean comisiones de trabajo por materias:
•Primera Comisión de Gobernación, Puntos Constitucionales y de Justicia.
•Segunda Comisión de Relaciones Exteriores, Defensa Nacional y Educación Pública.
•Tercera Comisión de Hacienda y Crédito Público, Agricultura y Fomento Comunicaciones y Obras Públicas.

Estas comisiones son creadas con el objetivo de analizar y dictaminar los asuntos inherentes a su materia, pero principalmente las proposiciones con punto de Acuerdo que se formulan en los recesos para la actuación de las autoridades de los tres órdenes de gobierno.

FUNCIONAMIENTO ORDINARIO DE LAS CÁMARAS

Sesiones del Pleno

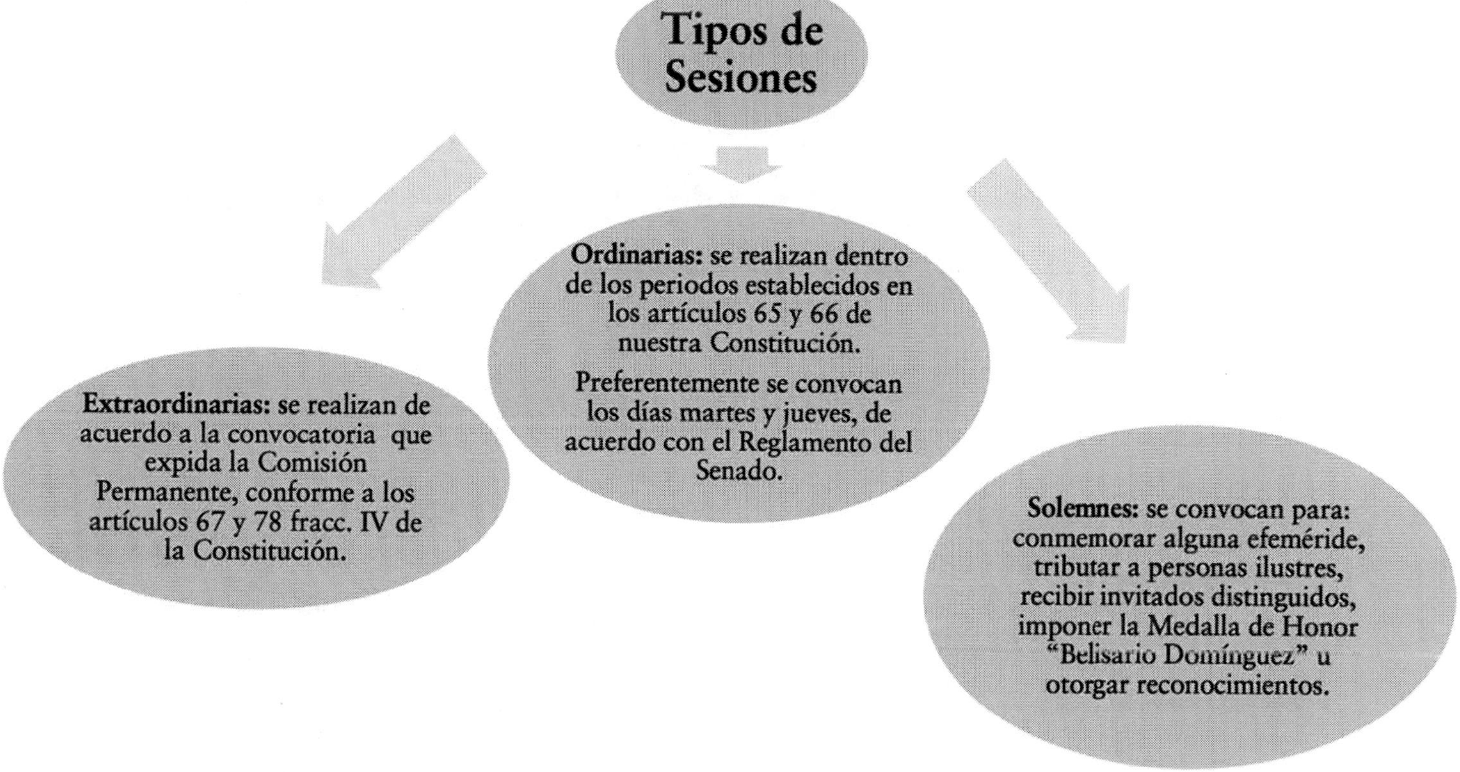

Tipos de Sesiones

Extraordinarias: se realizan de acuerdo a la convocatoria que expida la Comisión Permanente, conforme a los artículos 67 y 78 fracc. IV de la Constitución.

Ordinarias: se realizan dentro de los periodos establecidos en los artículos 65 y 66 de nuestra Constitución.

Preferentemente se convocan los días martes y jueves, de acuerdo con el Reglamento del Senado.

Solemnes: se convocan para: conmemorar alguna efeméride, tributar a personas ilustres, recibir invitados distinguidos, imponer la Medalla de Honor "Belisario Domínguez" u otorgar reconocimientos.

Funcionamiento del Poder Legislativo Federal

- Número mínimo de legisladores cuya presencia es necesaria para sesionar válidamente en los órganos legislativos —el Pleno de las Cámaras del Congreso o de sus comisiones—, a fin de poder tomar decisiones o realizar votaciones legítimas de los asuntos que desahogan.
- El artículo 63 de la CPEUM establece que el quórum se constituye con la asistencia de la mitad más uno de los integrantes de la Cámara.
- El artículo 64 de la CPEUM señala que los Diputados y Senadores que no concurran a una sesión, sin causa justificada o sin permiso de la Cámara respectiva, no tendrá derecho a la dieta correspondiente al día en que falten

Períodos de Sesiones Ordinarias

- **Primer Período:** del 1° de septiembre al 15 de diciembre de cada año. Salvo el caso en que la persona titular de la Presidencia de la República inicie su encargo (previsto cada seis años) el Congreso podrá extender su primer periodo ordinario hasta el día 31 de diciembre de ese año.
- **Segundo Período:** Del 1 de febrero al 30 de abril de cada año.

Sesiones Extraordinarias

- El Congreso o una sola de las Cámaras cuando se trate de un asunto exclusivo de ella, se reunirán en sesiones extraordinarias cada vez que los convoque para ese objeto la Comisión Permanente, pero en ambos casos, sólo se encargarán del asunto o asuntos que la misma Comisión sometiese a su conocimiento. (Arts. 67 y 78 fracc. IV CPEUM) (Al conjunto de sesiones extraordinarias para atender una convocatoria se le denomina coloquialmente como período de sesiones extraordinarias).

Orden del día

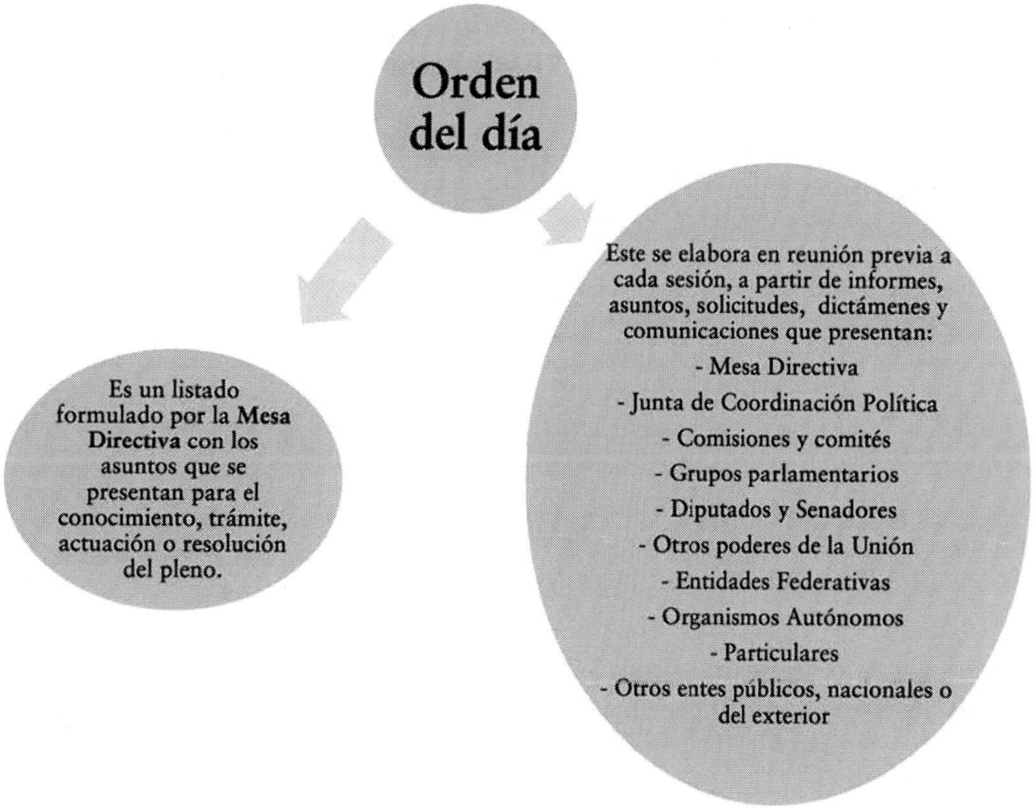

Orden del día

Es un listado formulado por la **Mesa Directiva** con los asuntos que se presentan para el conocimiento, trámite, actuación o resolución del pleno.

Este se elabora en reunión previa a cada sesión, a partir de informes, asuntos, solicitudes, dictámenes y comunicaciones que presentan:

- Mesa Directiva
- Junta de Coordinación Política
- Comisiones y comités
- Grupos parlamentarios
- Diputados y Senadores
- Otros poderes de la Unión
- Entidades Federativas
- Organismos Autónomos
- Particulares
- Otros entes públicos, nacionales o del exterior

Mayorías

Las decisiones en el Pleno se adoptan por mayoría simple o relativa, por mayoría absoluta o por mayorías calificadas o especiales, sea de la totalidad de los integrantes presentes según lo dispone la Constitución.

MAYORÍA SIMPLE O RELATIVA: Se constituye con la suma más alta de votos emitidos en un mismo sentido, cuando se opta entre más de dos propuestas.

MAYORÍA ABSOLUTA: Se constituye con la suma de más de la mitad de los votos emitidos en un mismo sentido, cuando se opta entre dos propuestas.

MAYORÍA CALIFICADA O ESPECIAL: Se constituyen con la suma de los votos emitidos en un mismo sentido en número superior al de la mayoría absoluta, sea de las dos terceras partes o de las tres quintas partes (Art. 6 fr. VIII, CPEUM), conforme lo dispuesto en la Constitución o la Ley.

Las Votaciones

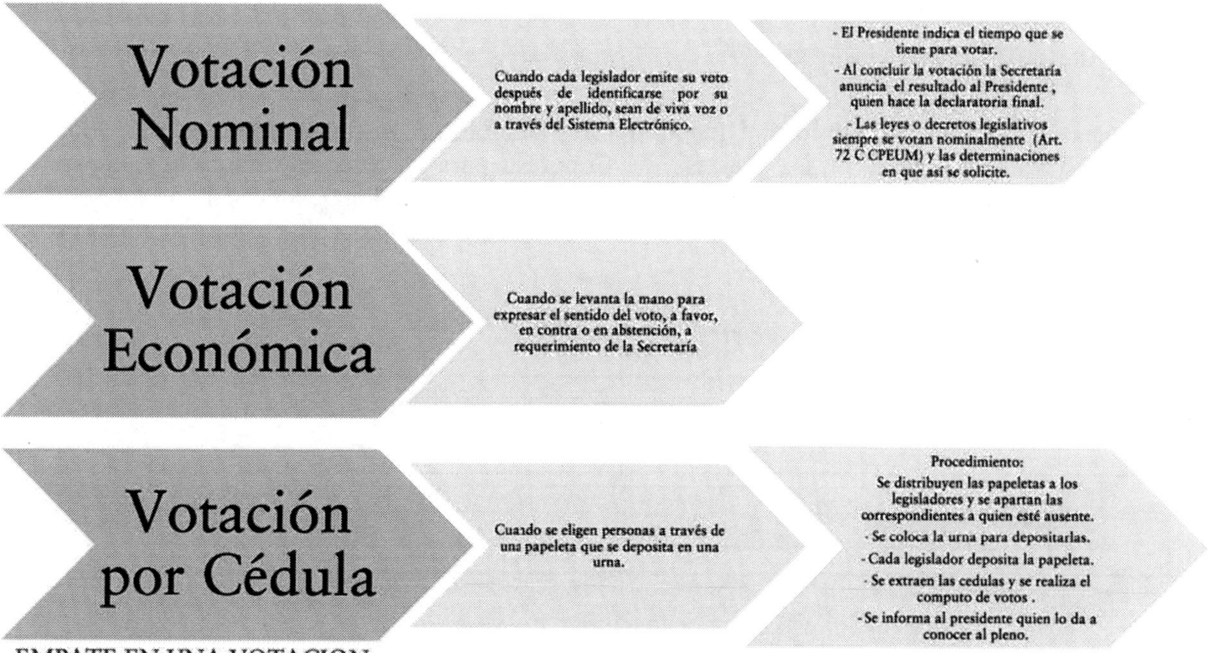

Votación Nominal

Cuando cada legislador emite su voto después de identificarse por su nombre y apellido, sean de viva voz o a través del Sistema Electrónico.

- El Presidente indica el tiempo que se tiene para votar.
- Al concluir la votación la Secretaría anuncia el resultado al Presidente, quien hace la declaratoria final.
- Las leyes o decretos legislativos siempre se votan nominalmente (Art. 72 C CPEUM) y las determinaciones en que así se solicite.

Votación Económica

Cuando se levanta la mano para expresar el sentido del voto, a favor, en contra o en abstención, a requerimiento de la Secretaría

Votación por Cédula

Cuando se eligen personas a través de una papeleta que se deposita en una urna.

Procedimiento:

Se distribuyen las papeletas a los legisladores y se apartan las correspondientes a quien esté ausente.
- Se coloca la urna para depositarlas.
- Cada legislador deposita la papeleta.
- Se extraen las cedulas y se realiza el computo de votos.
- Se informa al presidente quien lo da a conocer al pleno.

EMPATE EN UNA VOTACION:

- Si resulta empate en una votación, que no refiera a elección de personas se repite de inmediato; si por segunda ocasión hay empate, el asunto se discute y vota nuevamente en la sesión siguiente.
- Si resulta empate en una elección de personas, la votación se repite en la misma sesión tantas veces como se requiera hasta que exista la mayoría necesaria, salvo que la Ley disponga otro procedimiento.

El Proceso Legislativo Ordinario

Facultad de Iniciativa

La iniciativa es el documento formal que los actores facultados constitucionalmente para ello, presentan ante cualquiera de las cámaras del Congreso para su estudio, discusión y, en su caso, aprobación. Tiene como propósito crear, reformar, adicionar, derogar o abrogar disposiciones constitucionales o legales. Representa el acto jurídico con el que da inicio el proceso legislativo.

Art. 71 CPEUM. Tienen derecho de presentar Iniciativa:

- El Presidente de la República.
- Diputados y Senadores.
- Las legislaturas de los estados y de la Ciudad de México.
- Los ciudadanos en un número equivalente al 0.13% de la lista nominal de electores.

La Cámara de Diputados como Cámara de Origen

La formación de las leyes o decretos puede comenzar indistintamente en cualquiera de las dos Cámaras, con excepción de los proyectos que versaren sobre:

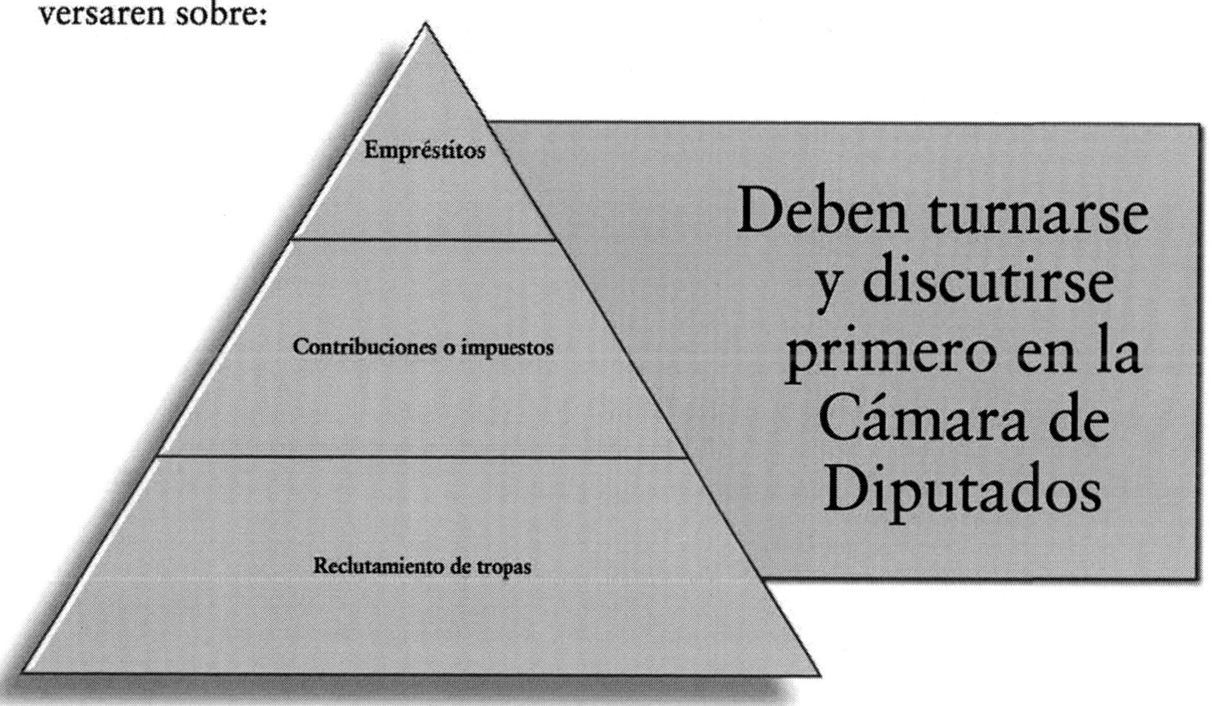

Proceso Legislativo

Turno a Comisiones

TURNO
Es el trámite que dicta el Presidente de la Mesa Directiva, durante las sesiones, para enviar los asuntos que se presentan en el Pleno a la instancia respectiva de análisis e instrucción, con el fin de darles el curso legal que corresponda dentro del proceso legislativo.

El Presidente de la Mesa Directiva puede turnar a una o más comisiones un asunto para efectos de:
1) Dictamen
2) Opinión
3) Para conocimiento y atención.

OBLIGACIONES DEL PRESIDENTE Y LA JUNTA DIRECTIVA DE LAS COMISIONES PARA CONTINUAR EL PROCESO LEGISLATIVO.

- Proponer la integración de subcomisiones o grupos de trabajo para la elaboración de predictámenes o de proyectos de informes o resoluciones, para atender asuntos específicos.
- Establecer, para el desahogo de asuntos de su competencia, la coordinación necesaria con otras comisiones y comités del Senado o de la Cámara de Diputados.
- Promover la realización de estudios e investigaciones, especialmente de carácter histórico, doctrinario y de derecho comparado, en los asuntos competencia de cada comisión.
- Proponer consultas y audiencias, públicas o privadas, con autoridades gubernamentales, especialistas, representativos de organizaciones sociales y ciudadanos en general, relacionados con las materias de cada comisión.

Etapas en el Proceso Legislativo

CONVOCATORIAS A REUNIÓN DE LAS COMISIONES.

Las reuniones de las comisiones son ordinarias y extraordinarias.

Para las primeras se emite convocatoria al menos con cuarenta y ocho horas previas a su realización, mediante la publicación respectiva en la Gaceta y el envío directo a cada integrante.

Las reuniones extraordinarias se convocan con la anticipación que se requiera, previo acuerdo de la Junta Directiva, a través de comunicación directa a los integrantes de la comisión.

Toda convocatoria debe contener:

- Nombre de la comisión o comisiones que se convocan;
- Fecha, hora y lugar de la reunión;
- Tipo de la reunión, ya sea ordinaria o extraordinaria, de comisiones unidas o en conferencia;
- El proyecto de Orden del Día; y
- Rúbrica del Presidente de la Junta Directiva o, en su caso, de quien convoca.

Nota: Junto con la convocatoria se envían a los integrantes de cada comisión los documentos que sustentan el desahogo del Orden del Día.

Deliberación

El artículo 136 del Reglamento del Senado de la República señala que: En el cumplimiento de sus atribuciones, las comisiones se sujetan a los procedimientos establecidos en la Constitución, la Ley, el Reglamento y demás disposiciones aplicables.

En las reuniones de comisión, el Presidente de la Junta Directiva conduce las discusiones con el auxilio de los secretarios.

Para el desarrollo de las discusiones los integrantes de la comisión hacen uso de la palabra bajo las siguientes reglas:

I. Quien presenta un proyecto de dictamen o resolución hace una intervención inicial hasta por quince minutos. De ser necesario, la comisión puede ampliar dicho lapso;

II. Cada senador interviene hasta por un tiempo máximo de quince minutos;

III. Una vez que hacen uso de la palabra quienes la han solicitado, el Presidente consulta si el asunto está suficientemente discutido. Si la respuesta es negativa, se continúa la discusión mientras haya senadores inscritos en la lista de oradores;

IV. Los senadores pueden reservar artículos de un proyecto de dictamen o resolución para su discusión en lo particular; en este caso, el tiempo máximo de cada intervención es hasta de diez minutos; y

V. Concluida la discusión de un proyecto de dictamen o resolución, se procede a su votación.

Nota: Las votaciones sobre dictámenes o resoluciones requieren de la mayoría absoluta de los integrantes de la respectiva comisión.

Proceso Legislativo

DICTAMEN

Es un documento que emite una Comisión o Comisiones ordinarias y que propone una resolución o decisión sobre una o varias iniciativas o proposiciones.

- **Introducción** (llamada también proemio), en la que se especifica el nombre de la Comisión o Comisiones encargadas del dictamen y el proyecto de ley o decreto que se propone;
- **Antecedentes**, constituidos por el relato cronológico de hechos desde la presentación y turno de la iniciativa o proposición correspondiente, así como aspectos documentales relacionados con la misma, para ubicar el asunto en tiempo y espacio;
- **Consideraciones**, que son los argumentos jurídicos, doctrinales, sociales, políticos, económicos y/o culturales en los que se funda la decisión propuesta por la Comisión;
- **Puntos resolutivos**, los cuales contienen el proyecto de ley, de decreto o punto de Acuerdo que la o las Comisiones someten a la consideración de la Asamblea;
- **Las firmas** de los miembros de la Comisión, que expresan el sentido del voto de cada uno de ellos en relación con el contenido y alcances del propio dictamen en cuestión.

En este proceso las comisiones pueden convocar a audiencias públicas o reuniones, con el fin de escuchar a especialistas, representantes de organizaciones y ciudadanos.

Si la mayoría de las firmas son en sentido aprobatorio, el dictamen puede presentarse al Pleno de la Cámara.

Deliberación del Dictamen ante el Pleno

INSCRIPCIÓN Y ENVÍO DEL DICTAMEN

- Una vez que el dictamen fue aprobado en Comisiones, independientemente del sentido en que se emita, se remite al Presidente de la Mesa para su inscripción al Orden del Día, publicación en la Gaceta del Senado y posterior debate y votación en el Pleno.

PUBLICIDAD Y PRIMERA LECTURA

- Los dictámenes y, en su caso, las opiniones correspondientes se publican en la Gaceta cuando menos veinticuatro horas antes de la sesión del Pleno en la cual son puestos a debate y votación. De no cumplir el requisito de publicación en la Gaceta, el Pleno no puede debatir ni pronunciarse sobre dictamen con la votación correspondiente.

- Los dictámenes de carácter legislativo (culminan con el proyecto de ley o con el proyecto de decreto de modificaciones legales se debaten y votan solo después de haberse efectuado dos lecturas ante el Pleno en sesiones consecutivas. A propuesta del Presidente, el Pleno puede dispensar la lectura.

- La publicación de un dictamen en la Gaceta, surte efectos de primera lectura.

PRESENTACIÓN DEL DICTAMEN

- Antes del iniciar el debate sobre un dictamen, las Comisiones involucradas pueden designar a uno de sus integrantes para presentarlo al Pleno, quien podrá hablar hasta por diez minutos.
- Cuando la relevancia de un dictamen lo amerita, al inicio del debate en lo general los Grupos Parlamentarios pueden designar a uno de los integrantes para que intervenga para fijar su posición.

Debate en lo General

ANÁLISIS Y DELIBERACIÓN

- Los dictámenes se debaten y votan primero en lo General y después en lo Particular.
- Cuando el texto normativo conste de un solo artículo —por no haber distinción particular que hacer— se debate y vota en lo particular en un solo acto. En el caso de los decretos que proponen modificaciones constitucionales, si bien el proyecto refiere frecuentemente a un "Artículo Único", la discusión se hace sobre cada artículo o porción del texto constitucional cuya reforma o adición se propone.

Debate en lo General

Se refieren a la totalidad o sentido fundamental del dictamen y se sujeta a lo siguiente:

Presentado el dictamen, si hay voto particular, el autor expone los motivos.

De haber acuerdo se expresan las posiciones de los grupos Parlamentarios

El Presidente formula una lista de oradores en contra y otra a favor del dictamen y la da a conocer al Pleno . De no haber oradores se vota de inmediato.

Los oradores intervienen alternativamente en contra y a favor; inicia el primero en contra.

Cuando han hablado hasta cinco oradores en contra y cinco a favor, el Presidente consulta al Pleno si el asunto ha sido suficientemente discutido, si es así ordena la votación.

Si el Pleno considera que no ha sido suficientemente debatido, continúan las intervenciones

- Cuando intervienen en un solo sentido, se registran dos oradores, se abre el debate y se procede a la votación.
- Cuando se agota la lista de los oradores registrados, el Presidente declara concluido el debate en lo general y se procede a la votación del dictamen.
- Concluido el debate en lo general y antes de votar se abre registro para reserva de artículos o adiciones al texto, las cuales serán objeto de debate y votación en lo particular.

Debate en lo Particular

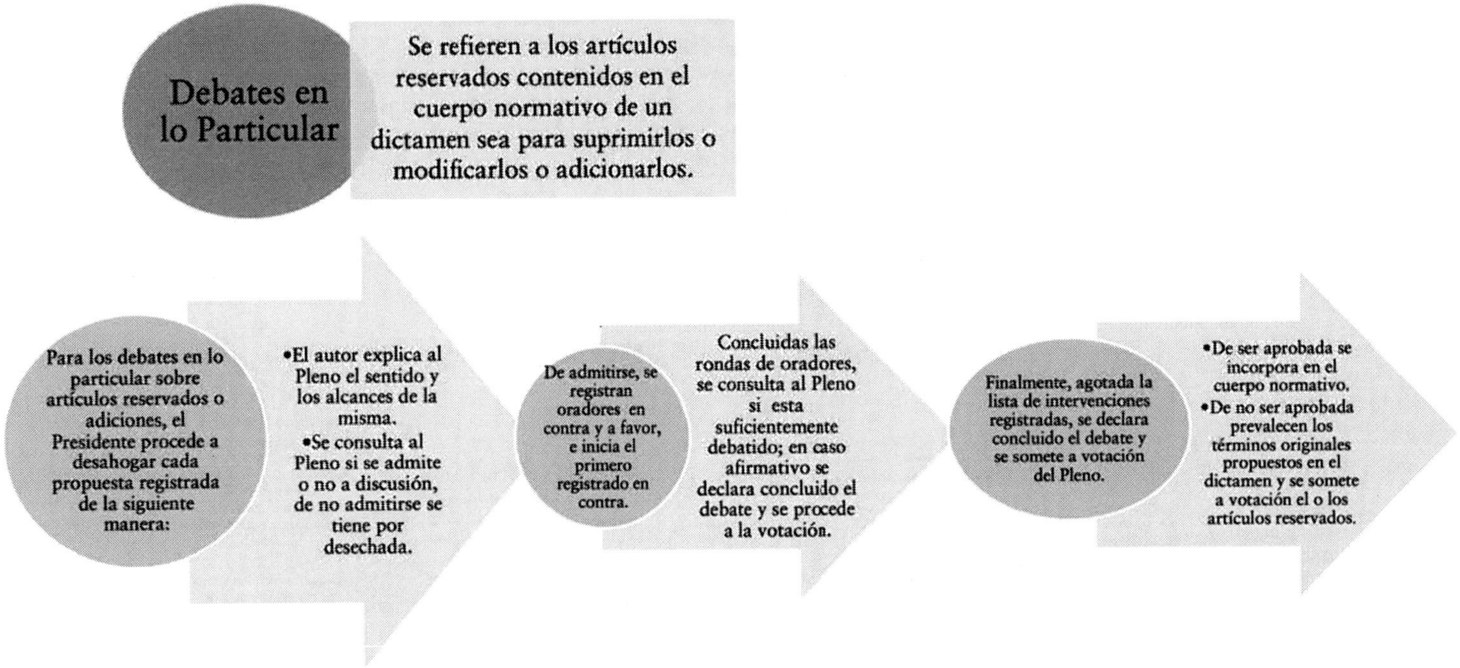

Votos Particulares

- Constituyen la expresión de la minoría de una o más comisiones dictaminadoras o de uno o varios de sus integrantes, quienes difieren del sentido y texto del dictamen suscrito por la mayoría.
- Un voto particular puede referirse a la totalidad del dictamen o solo a una de sus partes.

El voto particular contiene: Encabezado o título en el cual se especifica el asunto objeto del mismo y el ordenamiento a modificar, nombre de las comisiones emisoras del dictamen, fundamento legal y reglamentario, consideraciones, señalamiento de si el voto se presenta sobre la totalidad o una parte del dictamen, texto normativo y régimen transitorio que se proponen, firmas autógrafas de su autor, lugar y fecha de emisión.

El voto particular se presenta ante el Presidente de la Comisión dictaminadora o, en su caso, del Presidente de la Comisión coordinadora de los trabajos del dictamen y se anexa al mismo. También puede presentarse directamente ante la Mesa Directiva para su incorporación en el Orden del Día correspondiente.

- Si un dictamen es aprobado en lo general, se tienen por desechados los votos particulares emitidos.
- Si el dictamen es rechazado al votarse en lo general, el o los votos particulares se ponen a debate y resolución del Pleno.

De aprobarse un voto particular sobre el dictamen relativo, se le da el trámite que corresponde conforme al artículo 72 de la Constitución; de rechazarse se tiene por desechado.

Del uso de la Palabra

El proceso de discusión puede ser en lo general: cuando se hace referencia a la totalidad o sentido fundamental del dictamen, y en lo particular: cuando se hace referencia a los artículos reservados contenidos en el cuerpo normativo de un dictamen sea para suprimirlos o modificarlos o adicionarlos.

Del Uso de la Palabra: Los legisladores hacen uso de la palabra en Tribuna, previa autorización del Presidente, de acuerdo con el Orden del Día, para los siguientes efectos y siempre sujetándose a los tiempos:

Hasta por diez minutos: Presentación de iniciativas, dictámenes a nombre de comisiones, voto particular, posicionamiento de grupo, conmemoración de efemérides.

Hasta por cinco Minutos: intervenciones en contra o a favor, referencia alusiones personales, rectificación de hechos, proposiciones con punto de acuerdo.

Los Legisladores hacen uso de la palabra desde su escaño o curul previa autorización del Presidente, por no mas de tres Minutos, en los siguientes casos:

Observaciones al orden del día, precisiones al acta, mociones, para formular preguntas al orador en tribuna.

Para solicitud se aclaración de procedimiento, verificación de Quórum.

Los legisladores desde su escaño, curul o tribuna, pueden solicitar al presidente instruya a la Secretaría dar lectura a algún texto breve relacionado con el tema de que se trata, hasta por cinco minutos.

Por su parte las MOCIONES: son propuestas al Presidente de la Mesa que se formulan por los Legisladores para plantear una cuestión especifica relacionada con el desarrollo de la sesión en general o con la discusión de un asunto en particular; estas pueden ser de Orden, Suspensivas, Urgente Resolución, Procedimiento y Remoción.

Los legisladores hacen uso de la palabra en Tribuna, previa autorización del Presidente, de acuerdo con el Orden del Día, para los efectos concedidos y sujetándose a los tiempos reglamentarios:

Artículo 76 del Reglamento del Senado

Hasta por diez minutos

Presentación de: iniciativas, dictámenes a nombre de las comisiones, voto particular, posicionamiento de grupo parlamentario, conmemoración de efemérides.

Hasta por cinco Minutos:

Intervenciones en discusión de dictámenes en contra o a favor, referencia a alusiones personales, rectificación de hechos, presentación de proposiciones con punto de Acuerdo.

Uso de la palabra desde su escaño, previa autorización del Presidente, por no mas de tres minutos, en los siguientes casos:

Observaciones al orden del día; precisiones al acta; presentación de mociones; formulación de preguntas al orador en tribuna; solicitud de aclaración de procedimiento; petición de rectificación o ampliación de turno; planteamiento de verificación de quórum.

En caso de que el orador acepte preguntas en la discusión de un tema, se le concederán 3 minutos para responder a cada pregunta, adicionalmente a los minutos que le correspondan originalmente, según el asunto que se trate.

Los legisladores pueden solicitar al Presidente de la MD instruya a la Secretaría dar lectura a algún texto breve relacionado con el tema de que se trata o del algún artículo de la Constitución, ley o reglamento, con el propósito de que el Pleno lo conozca y tenga en cuenta en la deliberación.

Por su parte, las MOCIONES: son propuestas al Presidente de la Mesa que se formulan por las y los senadores para plantear una cuestión especifica relacionada con el desarrollo de la sesión en general o con la discusión de un asunto en particular. Éstas pueden ser de Orden, Suspensivas, Urgente Resolución, Procedimiento y Remoción.

Las mociones de orden son resueltas por el Presidente de la MD. Las suspensivas, de urgente resolución, de procedimiento y de remoción, en caso de ser procedentes, se someten a votación del Pleno.

Artículos 103 a 112 del Reglamento del Senado

Moción de Orden. Es resuelta por el Presidente y tiene como finalidad que el desarrollo de la sesión se apegue al Reglamento; se guarde silencio; se resguarde el recinto, o se desahoguen los asuntos en forma ordenada.

Moción Suspensiva. Tiene como finalidad que un asunto no se inicie o se interrumpa su discusión, para su revisión o su devolución a comisiones. Debe ser presentada por escrito o de viva voz y al menos por cinco senadores. Se procede a dar lectura y en su caso a escuchar brevemente —hasta por tres minutos— a un orador, y se consulta al Pleno si se acepta a debate o se desecha. No procede más de una moción suspensiva sobre un mismo asunto.

Moción de Urgente Resolución. Es presentada por escrito o de viva voz sobre algún asunto para que se discuta de inmediato sin turnarse al estudio en comisiones. Su finalidad es que el Pleno lo conozca, delibere y resuelva en la sesión en que es presentado. En los casos de "Iniciativa preferente" previamente deberá turnarse para opinión de las comisiones correspondientes, las cuales deberán hacerlo dentro de diez días, de lo contrario se entenderá por declinada y se someterá a votación. No procede la urgente resolución sobre adiciones o reformas a la Constitución. La moción de urgente resolución deberá ser resuelta por las dos terceras partes de los senadores presentes.

Moción de Procedimiento. Tiene como finalidad que las resoluciones del Presidente de la MD se sometan a la determinación del Pleno. De acuerdo con lo dispuesto en el artículo 68 de la Ley Orgánica del Congreso General, ésta puede presentarse cuando el Presidente se aparta de la normatividad en el desarrollo de sus funciones.

Moción de Remoción. Tiene como finalidad solicitar la remoción de algún integrante de la Mesa Directiva del Senado por conductas reiteradas que trasgredan la Ley, el Reglamento o por incumplir los acuerdos de la Mesa Directiva del Senado.

Reglas orientadoras para la conducción de la Presidencia en los debates parlamentarios

Reglas para el uso de la palabra en los debates del Pleno

Como regla principal, corresponde al Presidente de la Mesa Directiva conceder el uso de la palabra a solicitud de los legisladores en los términos del Reglamento.

En los casos de los debates parlamentarios, se debe considerar que asiste el derecho de los legisladores a hacer uso de la palabra conforme a las reglas establecidas en el Reglamento o a los acuerdos que en su caso pacte la Mesa Directiva para casos especiales.

En el Pleno la deliberación que conlleva a una votación requiere de la presentación de dictámenes; de asuntos ante los cuales previamente se haya concedido dispensa de trámites, o de cuestiones declaradas por la Asamblea como de urgente resolución. Si no se trata de un dictamen de segunda lectura, sólo el Pleno puede acordar su discusión y votación.

Debates

Discusión

Corresponde al Presidente de la Mesa Directiva ordenar el debate y conceder el uso de la palabra conforme al Reglamento, de acuerdo con las siguientes consideraciones:

1. **Consultar previamente con los grupos parlamentarios la modalidad del debate y acordarlo en la Mesa Directiva.**
2. **Elaborar una lista de oradores de acuerdo al sentido de su participación (en contra o a favor).**
   a) El debate inicia siempre con un orador en contra y posteriormente uno a favor.
   b) Cuando en los asuntos a debate sólo se inscriben oradores en un solo sentido, sólo se registra y se concede la palabra a uno por cada grupo parlamentario.
   c) Agotada la lista de oradores se consulta si el asunto está suficientemente discutido, si la asamblea asiente, se procede a la votación; de lo contrario, se realiza una nueva lista para continuar con el debate.

3. En el uso de la palabra, el Presidente sólo puede interrumpir al orador en los siguientes supuestos:

a) Cuando ha concluido el tiempo para su intervención o que se ha agotado el tiempo adicional que se le haya concedido.
b) Cuando se aparte del tema, a fin de que reconduzca su participación al objeto de la discusión.
c) Cuando hayan preguntas al orador; quien tendrá la potestad de aceptarla o rechazarla.
d) Cuando deba darse lectura a algún documento relativo al tema.
e) Cuando se presente una moción en términos del Reglamento.
f) Cuando deba formular un llamado al orden en el Pleno.

Reglas orientadoras para la discusión de asuntos

Existe una regla fundamental que confiere al Presidente de la Mesa Directiva la facultad de consultar a los grupos parlamentarios, previo a la discusión de los asuntos, la lista de oradores y el sentido de su intervención. Ello permite estructurar las participaciones que se producirán conforme a si están en contra, a favor o por la abstención, y hacer más dinámicas las sesiones. El ejercicio asertivo de esta facultad incide en la conducción más ordenada y dinámica de las sesiones plenarias en momentos clave.

En definitiva la actuación del Presidente en la orientación del debate en el Pleno, será la clave para que las sesiones sean dinámicas y apegadas al Reglamento.

- Iniciado el debate de un asunto no podrá suspenderse, salvo por acuerdo del Pleno en casos excepcionales debidamente regulados, es decir; a) se declare suficientemente discutido, b) se de preferencia a otro asunto de mayor urgencia, c) se apruebe moción suspensiva y d) ocurran una causa de fuerza mayor o un desorden grave en el salón de sesiones. El Presidente declara lo conducente y, en su caso, clausura la sesión.
- El Presidente es el titular de la función de dirigir parlamentariamente al Pleno en sesión; es el garante del imperio de la Constitución y de la legalidad en el desahogo de los procedimientos que se realizan por el Pleno; ello comprende valorar, asumir y cuidar los equilibrios políticos entre los grupos parlamentarios y los legisladores, al tiempo que debe ser neutral en sus decisiones y apegarse a la aplicación de la Constitución, la Ley Orgánica y el Reglamento.
- El Presidente de la MD puede llamar al orden en todo momento y conducir con tolerancia las diferencias que existan entre las y los integrantes del Senado, aún con respecto a su conducción.
- También debe prevenir y evitar que en el debate proliferen los diálogos entre legisladores y no intervenir con su opinión sobre los asuntos, salvo para establecer con claridad las reglas de un debate o aclarar los procedimientos que serán deliberados por el Pleno, particularmente para ilustrar las consecuencias del sentido del voto en cada procedimiento.

Previsiones Generales

Situaciones de alerta en debates y recomendaciones

Los principales problemas que se presentan para la conducción del Pleno emanan de una conducción sesgada o fuera del Reglamento; del desconocimiento de las reglas generales del debate; de conductas intolerantes de quienes conducen las sesiones, o de legisladores que por sí mismos o con apoyo de su grupo parlamentario, adoptan actitudes para afectar el funcionamiento del Pleno, toman la tribuna, exacerban el ambiente o pretenden "reventar" la sesión.

Es aquí donde el Presidente toma un rol fundamental para reconducir las sesiones y llamar al orden. Su talento, conocimiento y manejo de las reglas del debate parlamentario se hacen presentes, así como de su talante para ser tolerante, incluyente y hábil en el manejo de las circunstancias y adversidades. Se requiere de un repaso puntual al Reglamento y apoyarse, cuando sea indispensable, del Secretario General de Servicios Parlamentarios para explorar los extremos antes de tomar una medida para enfrentar la situación. El Secretario Técnico puede auxiliar a conversar con los grupos parlamentarios para acercar posiciones y encontrar una ruta de diálogo que reconduzca la actividad ordenada de las sesiones. A su vez, el conocimiento personal de quienes integran el Pleno y la política de diálogo por anticipado para explicar y ponderar con los Coordinadores parlamentarios los asuntos y los procedimientos, así como los cauces del orden jurídico aplicable y la pertinencia de ceñirse a ellos.

Si bien asiste a los legisladores el derecho de participar en los debates y en el uso de la palabra no pueden ser reconvenidos por las expresiones u opiniones que manifiesten, en el desempeño de sus cargos ello debe ser en cumplimiento de la obligación de hacerlo con el respeto, la dignidad y la responsabilidad que corresponde a su investidura, en cumplimiento de la Constitución, la Ley y el Reglamento.

Ahí es donde el Presidente debe mostrar su talante para dejar expresar sus planteamientos a los legisladores, sin fijar atención al tono o la forma en que lo hacen para tratar de reconvenirlos, en cambio llamar al orden dentro de las normas reglamentarias y cuando sea necesario, declarar recesos para lograr acuerdos.

Como gran responsable de los procedimientos parlamentarios en el Pleno, su actitud al conducir la Asamblea favorece a que el debate se produzca en un ambiente de respeto y convivencia democrática plural.

Situaciones de alerta en debates y recomendaciones

En las votaciones.

Debido a la dinámica del debate, es común que los legisladores pierdan claridad respecto de lo que se está votando. A veces la discusión se alarga demasiado, las participaciones son bastante nutridas, y hay un número importante de reservas. Ante ello, el Presidente debe tener, como regla general y previo a las votaciones, la práctica de llamar la atención de los presentes para aclarar las implicaciones del sentido de la votación para la cuestión planteada, los términos de la misma y las votaciones subsecuentes que se harán en caso de artículos reservados sobre un dictamen. En cada uno de ellos cabe dejar claro el momento procesal en que se encuentra el asunto. Para ello es importante que se informe con anticipación a los grupos parlamentarios, a través de las secretarías técnicas, las modalidades de las votaciones y las listas de oradores que se establecerán. Ello ayudará a la conducción y a la reciprocidad en el comportamiento de la sesión, por parte de los legisladores.

Tratándose de votaciones por cédula, se deberá de buscar un mecanismo ágil y transparente que sea acordado por la Mesa Directiva para generar confianza en el resultado.

La Organización del Poder Legislativo Federal para Efectos del Procedimiento Legislativo

De acuerdo al artículo 50 de nuestra Constitución, el Poder Legislativo se deposita en un Congreso General o de la Unión el mismo, se divide en dos Cámaras, una de Diputados y otra de Senadores, ambas tienen igualdad de poder y facultades, salvo las que reserven exclusivamente alguna de ellas.

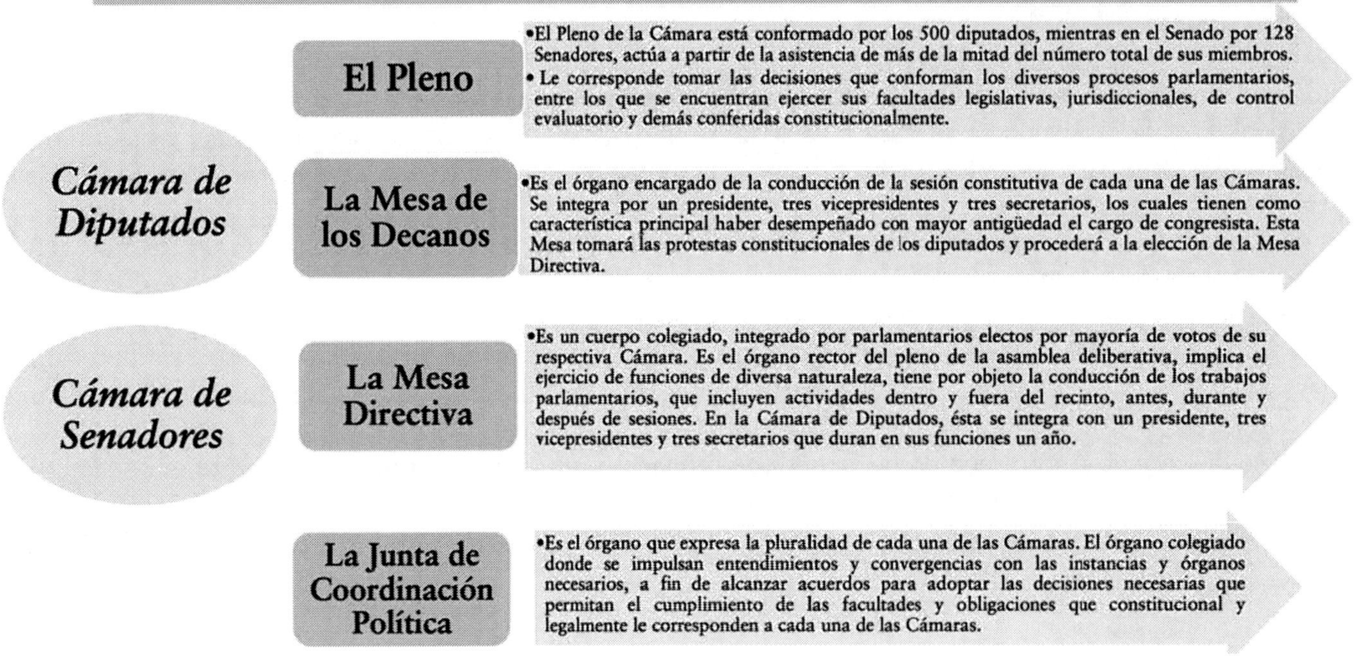

Cámara de Diputados

Cámara de Senadores

El Pleno

- El Pleno de la Cámara está conformado por los 500 diputados, mientras en el Senado por 128 Senadores, actúa a partir de la asistencia de más de la mitad del número total de sus miembros.
- Le corresponde tomar las decisiones que conforman los diversos procesos parlamentarios, entre los que se encuentran ejercer sus facultades legislativas, jurisdiccionales, de control evaluatorio y demás conferidas constitucionalmente.

La Mesa de los Decanos

- Es el órgano encargado de la conducción de la sesión constitutiva de cada una de las Cámaras. Se integra por un presidente, tres vicepresidentes y tres secretarios, los cuales tienen como característica principal haber desempeñado con mayor antigüedad el cargo de congresista. Esta Mesa tomará las protestas constitucionales de los diputados y procederá a la elección de la Mesa Directiva.

La Mesa Directiva

- Es un cuerpo colegiado, integrado por parlamentarios electos por mayoría de votos de su respectiva Cámara. Es el órgano rector del pleno de la asamblea deliberativa, implica el ejercicio de funciones de diversa naturaleza, tiene por objeto la conducción de los trabajos parlamentarios, que incluyen actividades dentro y fuera del recinto, antes, durante y después de sesiones. En la Cámara de Diputados, ésta se integra con un presidente, tres vicepresidentes y tres secretarios que duran en sus funciones un año.

La Junta de Coordinación Política

- Es el órgano que expresa la pluralidad de cada una de las Cámaras. El órgano colegiado donde se impulsan entendimientos y convergencias con las instancias y órganos necesarios, a fin de alcanzar acuerdos para adoptar las decisiones necesarias que permitan el cumplimiento de las facultades y obligaciones que constitucional y legalmente le corresponden a cada una de las Cámaras.

La Conferencia para la Dirección y Programación de los Trabajos Legislativos

Es el órgano encargado de realizar las tareas de preparación y programación de los trabajos de la Cámara de Diputados. A través de la Conferencia se establece un mecanismo de planeación de las tareas legislativas. Este órgano lo integran el Presidente de la Cámara y los miembros de la Junta de Coordinación Política. (Solo en Cámara de Diputados).

Las Comisiones

Son órganos especializados que contribuyen a la organización interna del trabajo legislativo, son constituidos por mandato de Ley o por el Pleno para el adecuado cumplimiento de las atribuciones y responsabilidades de cada una de las Cámaras. En las Comisiones se dictamina, investiga, consulta, analiza, debate y resuelve sobre las materias de sus competencia.

Comisiones Ordinarias

- Son permanentes; se conservan de una legislatura a otra; cumplen funciones de dictamen legislativo, de información y de control evaluatorio en su ramo; su competencia se corresponde en lo general con la otorgada a las dependencias y entidades de la Administración Pública Federal.

De Investigación

- Se constituyen con carácter transitorio por acuerdo del Pleno y a pedido de una cuarta parte de los miembros de la Cámara de Diputados o de la mitad si se trata de la de Senadores, para investigar el funcionamiento de organismos descentralizados federales o de empresas de participación estatal mayoritaria. Su alcance se limita a hacer del conocimiento del Ejecutivo Federal los resultados de sus investigaciones.

Especiales

- Se constituyen por determinación del Pleno y se encargan de asuntos específicos. Cuando se crean se establece su objeto, el número de integrantes que las conformarán y el plazo para realizar las actividades que se les encomienden.

Comisiones Bicamerales

- Se integran en atención a disposiciones de Ley o Decretos de creación de las mismas, con la finalidad de atender asuntos de interés común de las Cámaras del Congreso. entre ellas están: - Comisión Bicamaral del Canal del Congreso.
- Comisión Bicamaral de Seguridad Nacional.
- Comisión Bicamaral del Sistema de Bibliotecas.
-Comisión Bicamaral de Evaluación y Seguimiento de la Fuerza Armada Permanente en tareas de Seguridad Pública.

ÓRGANOS DE GOBIERNO DE LAS CÁMARAS DEL CONGRESO GENERAL DE LOS ESTADOS UNIDOS MEXICANOS

Mesa Directiva Cámara de Diputados

Elección, integración y duración de la Mesa Directiva

Art. 17, 18 y 19 LOCGEUM.

La Mesa Directiva de la Cámara de Diputados podrá ser electa o removida mediante el voto de las dos terceras partes de las diputadas y diputados presentes en el Pleno, mediante cédula o utilizando el sistema de votación electrónica. Será integrada de la siguiente manera:

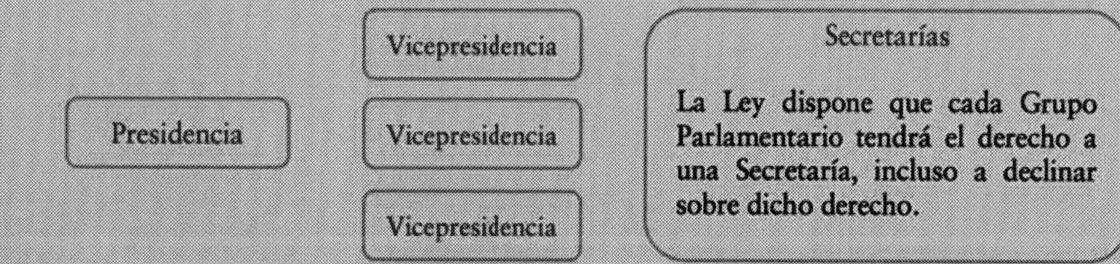

- Los integrantes de la Mesa Directiva durarán en sus funciones un año y podrán ser reelectos.
- Para su elección, los Grupos Parlamentarios postularán a quien deba integrarla.
- Para el segundo y tercer año de ejercicio de la legislatura se llevará a cabo durante la sesión preparatoria del año de ejercicio que corresponda garantizando que la presidencia recaiga, en orden decreciente, en un integrante de los dos Grupos Parlamentarios con mayor número de diputadas y diputados que no la hayan ejercido.
- En Cámara de Diputados existe una previsión en cuanto que, si la Mesa Directiva no está electa a las 12:00 horas del día 31 de agosto del año de inicio de la Legislatura, la Mesa de Decanos ejercerá las atribuciones y facultades relativas a la Mesa Directiva, y citará a la instalación de Congreso, dichas atribuciones no podrán ser ejercidas más allá del 5 de septiembre.

Mesa Directiva Senado de la República

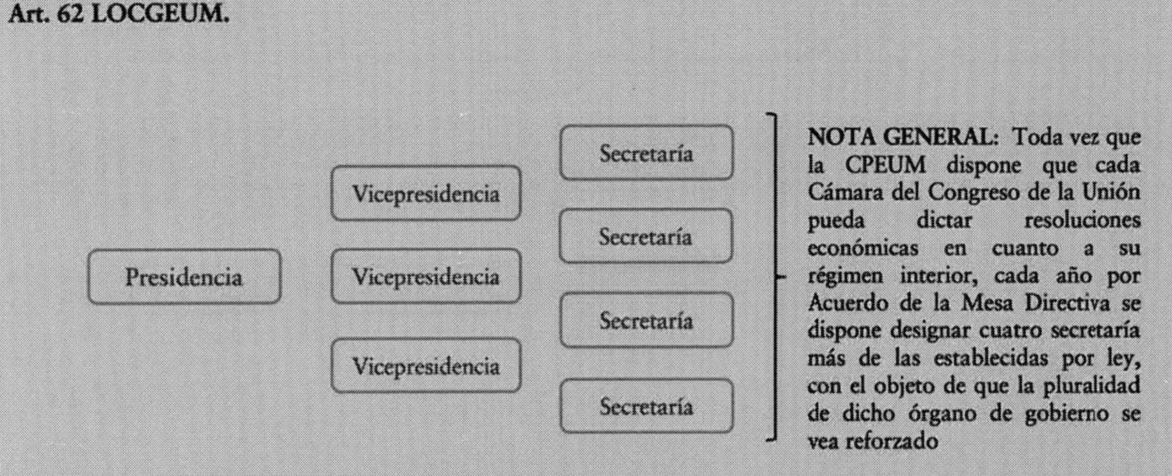

Se eligen por mayoría absoluta de las senadores y senadores presentes en votación por cedula, duran en su ejercicio un año legislativo y sus integrantes pueden ser reelectos. Los integrantes de la mesa sólo podrán ser removidos por transgredir las disposiciones de la LOCGEUM, del Reglamento o por incumplir los acuerdos de la Mesa Directiva. Para ello se requiere que algún senador presente moción que se adhieran por lo menos cinco senadores y que sea aprobada en votación nominal por las dos terceras partes de los presentes.

Mesa Directiva

Relación con integrantes

El trabajo en Mesa Directiva en las Cámaras del Congreso, es el preámbulo de lo que sucederá en las sesiones. Si bien es cierto que los grupos parlamentarios no anticipan sus estrategias, también es cierto que el debate más ordenado y de calidad cívica es aquél que se pacta previamente, porque hay reglas claras y acuerdos para asegurar un trato en condiciones de igualdad. Nuevamente la alusión al Reglamento es clave. En la Mesa Directiva se debe tomar en cuenta que las decisiones se toman por mayoría, y habrá que ser receptivos de las discrepancias para que la conducción sea —al final del día— producto del consenso. Realizar las reuniones de Mesa Directiva, previas a las sesiones, anteriormente a las previas de los grupos parlamentarios; ello ayuda a lograr acuerdos con los Grupos.

En cuanto al cumplimiento de las otras tareas, relacionadas con la representación de la Cámara, así como en la conducción de las relaciones interparlamentarias de ésta, se recomienda compartir el espacio político con los integrantes y no concentrar todo en la presidencia. Ello ayuda a mantener un buen ánimo entre sus integrantes.

La Presidencia, puede delegar alguna de sus funciones, temporalmente o para efectos específicos de representación, en los vicepresidentes o vicepresidentas, así como en las secretarias y secretarios.

Mesa Directiva Cámara de Diputados

Funciones de la Mesa Directiva

Art. 20 LOCGEUM. La Mesa Directiva conduce las sesiones de la Cámara y asegura el debido desarrollo de los debates, discusiones y votaciones del Pleno; garantiza que en los trabajos legislativos prevalezca lo dispuesto en la Constitución y la ley, y actúa bajo los principios de imparcialidad y objetividad. Tendrá las siguientes atribuciones:

a) Asegurar el adecuado desarrollo de las sesiones del Pleno de la Cámara;

b) Realizar la interpretación de las normas de esta ley y de los demás ordenamientos parlamentarios para el cumplimiento de sus atribuciones, así como para la adecuada conducción de la sesión;

c) Formular y cumplir el orden del día para las sesiones, formular y cumplir el orden del día para las sesiones, el cual distinguirá los asuntos deliberativos o de trámite, conforme al calendario legislativo;

d) Incorporar en el orden del día de la siguiente sesión del Pleno las iniciativas o minutas con carácter preferente para su discusión y votación, en el caso de que la comisión o comisiones no formulen el dictamen respectivo dentro del plazo de treinta días naturales;

e) Determinar durante las sesiones las formas que pueden adaptarse en los debates, discusiones y deliberaciones, tomando en cuenta las propuestas de los grupos parlamentarios;

f) Cuidar que los dictámenes, propuestas, mociones, comunicados y demás escritos, cumplan con las normas que regulan su formulación y presentación;

g) Determinar las sanciones con relación a las conductas que atenten contra la disciplina parlamentaria;

h) Designar las comisiones de cortesía que resulten pertinentes para cumplir con el ceremonial;

i) Elaborar el anteproyecto del Estatuto por el cual se normará el servicio de carrera parlamentaria, a efecto de que la Dirección correspondiente considere para la redacción del proyecto de dicho instrumento normativo;

j) Expedir la convocatoria aprobada por el Pleno a propuesta de la Junta de Coordinación Política para la designación del Consejero Presidente y de los consejeros electorales del INE, así como de los titulares de los Órganos Internos de Control de los órganos a los que la CPEUM les reconoce autonomía y que ejerzan recursos del PEF.

Funciones de la Mesa Directiva

Art. 21 LOCGEUM.

Reuniones de Mesa Directiva:

- La Mesa Directiva es dirigida y coordinada por el Presidente; se reunirá por lo menos una vez a la semana durante los periodos de sesiones y con la periodicidad que acuerde durante los recesos.

Decisiones de la Mesa Directiva:

- La Mesa Directiva adoptará sus decisiones por consenso, y en caso de no lograrse el mismo por la mayoría de sus integrantes mediante el voto ponderado, en el cual el Diputado que esté facultado para ello, representará tantos votos como integrantes tenga su Grupo Parlamentario. En caso de empate, el Presidente de la Mesa tendrá voto de calidad.
- El Diputado facultado para ejercer el voto ponderado, será el Vicepresidente. En el caso de los Grupos Parlamentarios que no cuenten con Vicepresidente o ante la ausencia del Vicepresidente respectivo a las reuniones de la Mesa, el voto ponderado será ejercido por el Secretario que corresponda.

Art. 260 Reglamento de la Cámara de Diputados.

- Compete a la Mesa Directiva realizar la interpretación de las normas y de los demás ordenamientos relativos a la actividad parlamentaria que se requieran para el cumplimiento de sus atribuciones, así como para la adecuada conducción de la sesión.
- La Mesa Directiva tendrá el desarrollo de las sesiones como medio para promover la libre discusión y decisión parlamentaria entre los diputados y diputadas o inhibir la interrupción de estas.

Presidencia de la Mesa Directiva

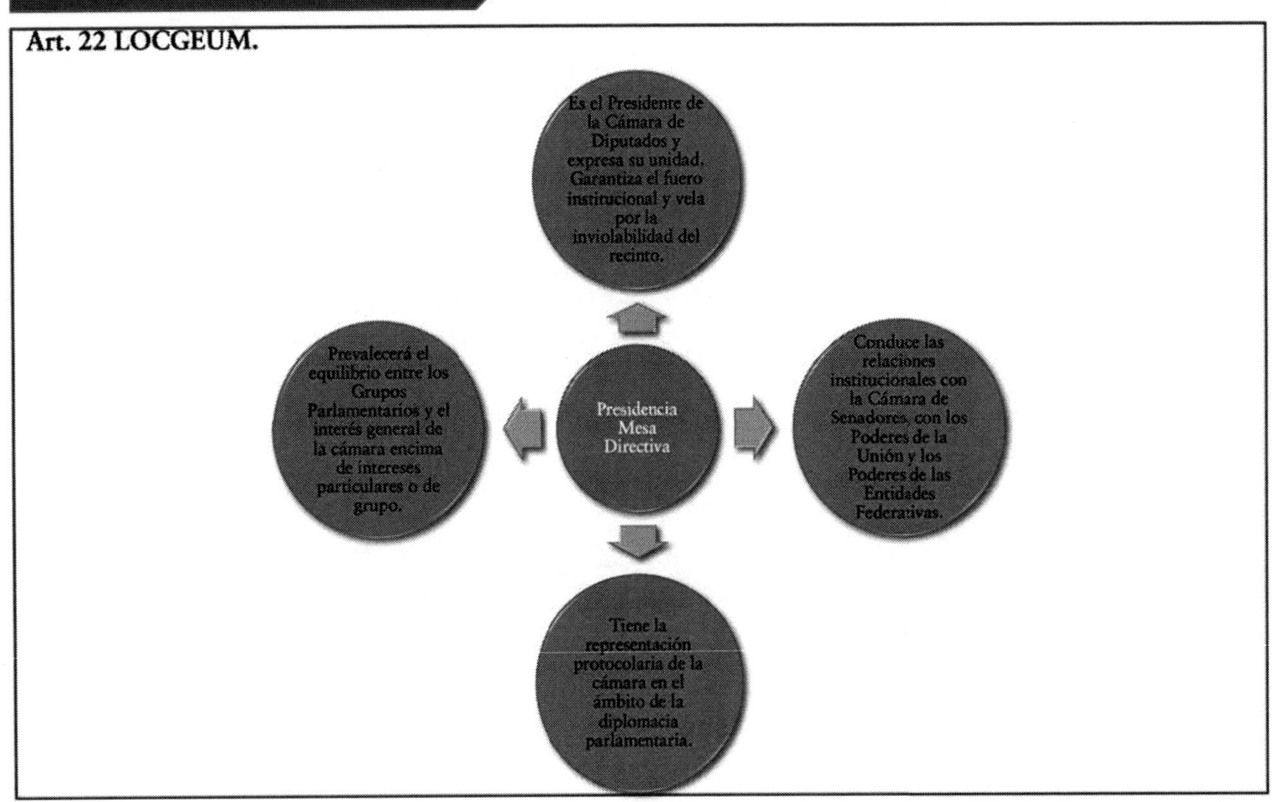

Facultades de la Presidencia

Art. 61 CPEUM.
El Presidente de la Mesa Directiva velará por la inviolabilidad de las y los diputados en atención a las opiniones que expresen en el desempeño del cargo, no podrán ser reconvenidos por ellos, así como del respeto del fuero constitucional de las y los integrantes del mismo, así como por la inviolabilidad del recinto donde se reúnan a sesionar.

Art. 23 LOCGEUM.
Tendrá las siguientes atribuciones:

- Presidir las sesiones del Congreso General; las de la Cámara y las de la Comisión Permanente; así como las reuniones de la Conferencia para la Dirección y Programación de los Trabajos Legislativos;
- Citar, abrir, prorrogar, suspender y levantar las sesiones del Pleno; y aplazar la celebración de las mismas;
- Conceder el uso de la palabra; dirigir los debates, discusiones y deliberaciones; ordenar se proceda a las votaciones y formular la declaratoria correspondiente;
- Disponer lo necesario para que los diputados se conduzcan conforme a las normas que rigen el ejercicio de sus funciones;
- Exigir orden al público asistente a las sesiones e imponerlo cuando hubiere motivo para ello;
- Dar curso a los asuntos y negocios en términos de la normatividad aplicable y determinar los trámites que deban recaer sobre las cuestiones con que se dé cuenta a la Cámara;
- Firmar, junto con uno de los Secretarios y con el Presidente y uno de los Secretarios de la Cámara de Senadores, las leyes y decretos que expida el Congreso General; y suscribir, también con uno de los Secretarios, los decretos, acuerdos y resoluciones de la Cámara;
- Convocar a las reuniones de la Mesa Directiva de la Cámara, a las de la Conferencia para la Dirección y Programación de los Trabajos Legislativos y cumplir las resoluciones que le correspondan;

Facultades de la Presidencia

- Comunicar al Secretario General de la Cámara las instrucciones, observaciones y propuestas que sobre las tareas a su cargo se formulen;
- Firmar junto con el Secretario General los acuerdos de la Mesa Directiva; y la correspondencia y demás comunicaciones de la Cámara;
- Tener la representación legal de la Cámara y delegarla en la persona o personas que resulte necesario;
- Acordar con el titular de la Coordinación de Comunicación Social los asuntos que le competen;
- Requerir a los diputados que no asistan, a concurrir a las sesiones de la Cámara y comunicar al Pleno, en su caso, las medidas o sanciones que correspondan;
- Ordenar el auxilio de la fuerza pública en los casos que resulten necesarios;
- Solicitar al Presidente de la SCJN la atención prioritaria de los juicios de amparo, controversias constitucionales o acciones de inconstitucionalidad;
- Solicitar al INE la verificación del porcentaje requerido para iniciativas ciudadanas.

Otras atribuciones:

En el caso de iniciativas y minutas preferentes:

Turnará a una o más comisiones para su análisis y dictaminación, cuando se trate de un asunto antes presentado notificará que a adquirido el carácter de preferente.

Asimismo, prevenirá a las comisiones 7 días naturales antes de que venza el plazo para dictaminar, a través de una comunicación que deberá ser publicada en la Gaceta y emitirá la declaratoria de publicidad una vez concluido el plazo.

Bando solemne de declaración de presidente electo de los EUM:
Corresponde al Presidente de la Cámara de Diputados disponer la elaboración del Bando Solemne, darlo a conocer al Pleno, ordenar su publicación en el DOF y difundir en los periódicos oficiales de las Entidades Federativas y Municipios.
Si al comenzar el periodo constitucional no se presenta el presidente electo o la elección no se declarará válida, procederá a tomar las medidas para que el Congreso se erija en colegio electoral a efecto de designar presidente interino.

Mesa Directiva Senado de la República

Funciones de la Mesa Directiva

Art. 66 LOCGEUM.

1. La Mesa Directiva observará en su desempeño los principios de legalidad, imparcialidad y objetividad y tendrá las siguientes facultades:
a) Presidir los debates y votaciones del Pleno y determinar el trámite de los asuntos, conforme a la Constitución, a esta Ley y al Reglamento correspondiente;
d) Asegurar que los dictámenes, acuerdos parlamentarios, mociones, comunicados y demás escritos, cumplan con las normas que regulan su formulación y tiempos de presentación;
e) Designar las comisiones de cortesía necesarias para cumplir con el ceremonial;
f) Conducir las relaciones de la Cámara de Senadores con la otra Cámara, los otros Poderes de la Unión, los Poderes de las entidades federativas; así como la diplomacia parlamentaria, designando para tal efecto a quienes deban representar a la Cámara en eventos de carácter internacional;
g) Disponer que la información del trabajo de los senadores sea difundida a los medios de comunicación en condiciones de objetividad y equidad;
h) Presentar al Pleno para su aprobación el proyecto de presupuesto anual de egresos de la Cámara, que le presente la Comisión de Administración, para su remisión al Titular del Poder Ejecutivo Federal a fin de que sea integrado al proyecto de Presupuesto de Egresos de la Federación; así como los presupuestos mensuales de la propia Cámara. En los recesos, el Presidente de la Mesa turnará el presupuesto mensual al Presidente de la Comisión Permanente para los efectos legales conducentes;
l) Expedir el nombramiento o el oficio de remoción de los servidores públicos de la Cámara, mandos medios y superiores, acordados mediante los procedimientos señalados en esta Ley, las disposiciones reglamentarias y los acuerdos aplicables; y

2. Las facultades que se precisan en los incisos a), d), e), f), g), h) y l), serán ejercidas por el Presidente de la Mesa Directiva.

Funciones de la Mesa Directiva

b) Formular y cumplir el orden del día para las sesiones, el cual distinguirá claramente los asuntos que requieran votación de aquellos otros solamente deliberativos o de trámite, tomando en cuenta las propuestas de la Junta de Coordinación Política y de los senadores, de conformidad con las disposiciones reglamentarias;
c) Incorporar en el orden del día de la siguiente sesión del Pleno las iniciativas o minutas con carácter de preferente para su discusión y votación, en el caso de que las comisiones no formulen el dictamen respectivo dentro del plazo de treinta días naturales;
i) Asignar los recursos humanos, materiales y financieros, así como los locales que correspondan a los grupos parlamentarios;
j) Elaborar y proponer al Pleno los ordenamientos que regulen la organización de las secretarías generales, la Tesorería y el Servicio Civil de Carrera. La adopción de esos instrumentos se regirá, en lo conducente, por las reglas y procedimientos establecidos para la aprobación de leyes y decretos;
k) Organizar y supervisar las funciones a cargo de las secretarías generales, la Tesorería, el servicio civil de carrera y crear las unidades administrativas que requiera la Cámara;

3. Las facultades que se precisan en los incisos b), c), i), j) y k), serán ejercidas de manera colegiada, por acuerdo de la mayoría absoluta de los miembros presentes de la Mesa Directiva. En caso de empate, el Presidente de la misma tendrá voto de calidad. Para sesionar válidamente deberán asistir más de la mitad de sus integrantes.

Funciones de la Mesa Directiva

Art. 35. Reglamento del Senado de la República.

1. La Mesa sesiona cuando la convoca su Presidente, o cuando así lo acuerda la mayoría de sus integrantes si existe la necesidad de conocer y resolver sobre algún asunto de su competencia, conforme a la Ley, el presente Reglamento y demás disposiciones aplicables.

2. Durante los períodos ordinarios y extraordinarios, la Mesa se reúne previamente a cada sesión para efectos de la preparación e integración del Orden del Día, en los términos de este Reglamento.

3. En los recesos legislativos, la Mesa se reúne cuando menos una vez al mes.

4. El Presidente nombra al Secretario Técnico de la Mesa.

5. De cada reunión de la Mesa se elabora un acta que debe ser sancionada por sus integrantes y firmada por el Presidente y un Secretario.

6. Las sesiones de la Mesa son privadas, salvo que sus integrantes acuerden lo contrario.

Funciones de la Mesa Directiva

Art. 37 Reglamento del Senado de la República.

1. La Mesa, además de las facultades que le confieren la Ley y otros ordenamientos, tiene las siguientes:
I. Aprobar, a propuesta de la Junta, las comisiones oficiales para atender invitaciones formuladas al Senado;
II. Integrar el Consejo Directivo de la Gaceta;
III. Autorizar el uso del salón de sesiones del Pleno y de las demás instalaciones del Senado no asignadas a fines específicos, para la realización de actos oficiales y de carácter educativo o cultural; y
IV. Conocer de las faltas administrativas y a la disciplina parlamentaria en que incurran los senadores y participar, en su caso, con los grupos parlamentarios y en lo procedente con el Pleno, en la aplicación de las sanciones correspondientes.

Art. 38 Reglamento del Senado de la República.

1. La Mesa puede reunirse con la Junta de Coordinación Política, siempre que así lo acuerden los presidentes de ambos órganos directivos.
2. La Mesa o su Presidente pueden reunirse con las comisiones o comités del Senado o sus respectivas juntas directivas, cuando así se requiera.

Facultades de la Presidencia

Art. 61 CPEUM.

El Presidente de la Mesa Directiva velará por la inviolabilidad de las y los senadores en atención a las opiniones que expresen en el desempeño del cargo, el respeto al fuero constitucional de las y los integrantes del mismo, así como por la inviolabilidad del recinto donde se reúnan a sesionar.

Art. 67 LOCGEUM.

1. El Presidente de la Mesa Directiva es el Presidente de la Cámara y su representante jurídico; en él se expresa la unidad de la Cámara de Senadores. En su desempeño, deberá hacer prevalecer el interés general de la Cámara por encima de los intereses particulares o de grupo, para lo cual, además de las facultades específicas que se le atribuyen en el artículo anterior, tendrá las siguientes atribuciones:

a) Abrir, prorrogar, suspender y clausurar las sesiones del Pleno;
b) Dar curso a los asuntos y determinar los trámites que deben recaer en aquellos con que se dé cuenta a la Cámara;
c) Conducir los debates y aplicar el Reglamento correspondiente;
d) Firmar, junto con uno de los secretarios de la Cámara, y en su caso con el Presidente y un secretario de la Colegisladora, las leyes y decretos que expidan la Cámara de Senadores o el Congreso de la Unión, así como los acuerdos y demás resoluciones de la Cámara;
e) Firmar la correspondencia y demás comunicaciones oficiales de la Cámara;
f) Presidir la conducción de las relaciones del Senado en los términos que señala el inciso e), del párrafo 1 del artículo anterior; y representarlo en las ceremonias a las que concurran los titulares de los otros Poderes de la Federación o de los Poderes de la Ciudad de México, así como en las reuniones de carácter internacional, pudiendo delegar su representación en cualquiera de los otros integrantes de la Mesa Directiva;
g) Excitar a cualquiera de las comisiones, a nombre de la Cámara, a que presenten dictamen si han transcurrido veinte días hábiles después de aquél en que se les turne un asunto, para que lo presenten en un término de diez días; si no presentaren el dictamen dentro de ese término y no mediare causa justificada, el o los proponentes podrán solicitar que se turne a otra Comisión;

Facultades de la Presidencia

h) Exigir orden al público asistente a las sesiones e imponerlo cuando hubiere motivo para ello;
i) Solicitar el uso de la fuerza pública en los términos establecidos en esta ley;
j) Requerir a los senadores faltistas a concurrir a las sesiones de la Cámara y aplicar, en su caso, las medidas y sanciones procedentes conforme a lo dispuesto por los artículos 63 y 64 de la Constitución Política de los Estados Unidos Mexicanos;
k) Dirigir las tareas de las secretarías generales, la Tesorería, las unidades administrativas y el Centro de Capacitación y Formación Permanente del servicio civil de carrera, con objeto de asegurar su buen desempeño y acordar con sus titulares los asuntos de su competencia. El Presidente de la Mesa Directiva, podrá delegar en los vicepresidentes y secretarios el ejercicio de la facultad establecida en el presente inciso, señalando expresamente, e informando al Pleno, a cuál de los integrantes de la Mesa Directiva le corresponde la función delegada;
l) Otorgar poderes para actos de administración y para representar a la Cámara ante los tribunales en los juicios de cualquier naturaleza en que ésta sea parte;
m) Solicitar al Presidente de la Suprema Corte de Justicia de la Nación la atención prioritaria de los juicios de amparo, controversias constitucionales o acciones de inconstitucionalidad, en términos de lo dispuesto por el artículo 94 de la Constitución Política de los Estados Unidos Mexicanos;
n) Solicitar al Instituto Nacional Electoral la verificación del porcentaje requerido por la fracción IV del artículo 71 de la Constitución Política de los Estados Unidos Mexicanos; y
o) Las demás que le confieran esta Ley y el Reglamento.

Facultades de la Presidencia

2. En el caso de iniciativas preferentes tendrá las siguientes atribuciones:

a) Turnar inmediatamente la iniciativa a una o más comisiones para su análisis y dictamen;
b) Cuando se trate del señalamiento de una iniciativa que se hubiere presentado en periodos anteriores, y esté pendiente de dictamen, notificará a las comisiones que conozcan de la misma que ha adquirido el carácter de preferente;
c) Solicitar a la Junta de Coordinación Política que constituya e integre de manera anticipada, en su caso, las comisiones que dictaminarán la iniciativa o minuta con carácter de preferente;
d) Prevenir a la comisión o comisiones, siete días naturales antes de que venza el plazo para dictaminar la iniciativa o minuta con carácter de preferente, a través de una comunicación que deberá publicarse en la Gaceta; y
e) Inmediatamente después de concluido el plazo de la comisión o comisiones para dictaminar, incluir el asunto en el Orden del Día para su discusión y votación.

Facultades de la Presidencia

Art. 39 Reglamento del Senado de la República.
1. El Presidente, además de las atribuciones previstas en la Ley, tiene las siguientes:
I. Garantizar los derechos de los senadores y de los grupos parlamentarios;
II. Convocar a las sesiones del Pleno y de la Mesa;
III. Acordar el orden de intervención de los vicepresidentes y secretarios en la conducción de las sesiones plenarias, para lo cual procura la equidad en su participación.
IV. Ordenar la publicación en la Gaceta del Senado, de los documentos que se refieren en las disposiciones correspondientes de este Reglamento;
V. Instruir a la Secretaría, conforme a sus respectivas competencias, para el cumplimiento de sus funciones;
VI. Designar las comisiones que ordena el ceremonial;
VII. Aprobar los recursos necesarios a los senadores que son asignados por la Mesa Directiva a comisiones oficiales en representación del Senado;
VIII. Declarar en el Pleno la existencia de quórum o su falta cuando es visible; instruir que se compruebe dicha falta en los casos en que lo considera necesario o así se le solicita; y
IX. Realizar las acciones de su competencia en materia de disciplina parlamentaria durante la conducción de las sesiones del Pleno.

Art. 40 Reglamento del Senado de la República.
1. Cuando una decisión del Presidente es objeto de consulta al Pleno, en términos del artículo 68 de la Ley, se hace durante la misma sesión en la que haya sido adoptada, mediante una moción de procedimiento.
2. Dicha consulta procede siempre que no haya mediado votación sobre el mismo asunto.
3. El trámite y desahogo de la moción de procedimiento se establece en el artículo 111 de este Reglamento.

Organización Técnica y Administrativa de la Mesa Directiva

Art. 47 LOCGEUM.
Para la coordinación y ejecución de las tareas que permitan el mejor cumplimiento de las funciones legislativas y la atención eficiente de sus necesidades administrativas, la cámara cuenta con una Secretaría General.

Art. 48 LOCGEUM.
Quien la encabece será nombrado por el Pleno, con el voto de las dos terceras partes de los diputados presentes, a propuesta de la conferencia para dirección y programación de los trabajos legislativos, por el termino de cada legislatura, pudiendo ser reelecto.

Art. 7 Estatuto de la Organización Técnica y Administrativa del Servicio de Carrera de la Cámara de Diputados.
La Secretaría General es el órgano coordinador y supervisor de los servicios que prestan la Secretaría de Servicios Parlamentarios y la Secretaría de Servicios Administrativos y Financieros y actúa como órgano técnico de la Mesa Directiva de la Conferencia y de la Junta.

En su actuación se rige por lo dispuesto en la constitución y ley orgánica y de mas ordenamientos que regulan la vida interior de la cámara.

Dentro de sus principales funciones se encuentra c) Actuar como Secretaría de la conferencia y brindar a la junta y a la mesa directiva el apoyo técnico que defina la ley orgánica para la celebración de sus reuniones.

Organización Técnica y Administrativa de la Mesa Directiva

Secretaría General de Servicios Parlamentarios

Se integra con funcionarios de carrera y desarrolla servicios de asistencia técnica a la presidencia de la mesa directiva a la sesión, a las comisiones; al diario de los debates; al archivo; y bibliotecas. Cada uno de los servicios se constituyen en una dirección.

La Dirección de Asistencia a la Presidencia de la Mesa Directiva se integra con las oficinas de Registro de Documentación; Asistencia y Técnica Parlamentaria; y de Relaciones Interinstitucionales y de Protocolo. A la dirección le corresponde:

1. Servicios en materia de asistencia técnico parlamentario a la presidencia de la mesa directiva.
2. Trámite y control documental de comunicaciones y correspondencia.
3. Asistencia a la Presidencia de la Mesa Directiva.
4. Conducción de relaciones interinstitucionales, publicas, protocolo y diplomacia parlamentaria.
5. Entre otras.

Secretaría General de Servicios Administrativos y Financieros

Se integra con funcionarios de carrera y confiere unidad de acción a los servicios de Recursos Humanos, Tesorería; Recursos Materiales; Generales y de Informática; Jurídicos; de Seguridad; Servicios Médicos y Atención a Diputados.

Cada uno de los servicios establecidos se constituyen en una dirección, la cual se estructura con las oficinas que requieran.

Organización Técnica y Administrativa de la Mesa Directiva

***NOTA GENERAL:* Art. 68 Estatuto de la Organización Técnica y Administrativa del Servicio de Carrera de la Cámara de Diputados.**

El Presidente de la Mesa Directiva dispondrá de un cuerpo profesional para el cumplimiento de las funciones encomendadas a los servicios parlamentarios, administrativos y financieros, el cual se integrara de una secretaría particular y un asistente administrativo designados libremente y un cuerpo de asesores designados de entre los integrantes del servicio de carrera.

Art. 69 Estatuto de la Organización Técnica y Administrativa del Servicio de Carrera de la Cámara de Diputados.

Los vicepresidentes y secretarios de la Mesa Directiva de la Cámara de Diputados contaran con dos asesores designados de entre los funcionarios del servicio provenientes de los ramos técnico especializado y analista.

Junta de Coordinación Política

Art. 31, 32, 33, 34 y 36 LOCGEUM. Naturaleza e Integración

La Junta de Coordinación Política es la expresión de la pluralidad de la Cámara, por tanto es el órgano colegiado en el que se impulsan entendimientos y convergencias políticas con las instancias y órganos que resulten necesarios, a fin de alcanzar acuerdos para que el pleno esté en condiciones de adoptar las decisiones que constitucional y legalmente le corresponden.

Integración

- Se integra con los Coordinadores de cada Grupo Parlamentario
- La sesión de instalación de la JCP será convocada por el coordinador del Grupo Parlamentario con mayor número de diputadas y diputados.
- Es Presidente de la JCP por la duración de la legislatura, el coordinador de aquel Grupo Parlamentario que cuente con la mayoría absoluta en la cámara. En caso de que ninguno se encuentre en este supuesto, la presidencia será ejercida en forma alternada y para cada año legislativo por los coordinadores de los tres grupos parlamentarios que cuenten con el mayor número de diputadas y diputados.
- En caso de ausencia temporal o definitiva del presidente de la JCP, el grupo parlamentario al que pertenezca informará de inmediato, al Presidente de la Cámara y a la Junta, en nombre del diputado que lo sustituirá.
- Los integrantes de la Junta podrán ser sustituidos temporalmente.

Presidencia

- Atribuciones: convoca y conduce reuniones de trabajo; vela por el cumplimiento de las decisiones y acuerdos que se adopten; elaboración del anteproyecto del presupuesto anual; pone a consideración de la Conferencia para la Dirección y Programación de los Trabajos Legislativos, criterios para e programa de cada periodo de sesiones teniendo como base la agenda presentada por los coordinadores de los Grupos Parlamentarios.

Atribuciones de la Junta de Coordinación Política

Art. 34 y 35 LOCGEUM.

- Impulsar acuerdos con relación a las agendas presentadas por los distintos grupos parlamentarios, a fin de agilizar el trabajo legislativo;
- Presentar a la Mesa Directiva y al Pleno proyectos de puntos de acuerdo, pronunciamientos y declaraciones de la Cámara que entrañen una posición política del órgano colegiado;
- Proponer al Pleno la integración de las comisiones, y de sus respectivas Mesas Directivas, así como la designación de delegaciones para atender reuniones interparlamentarias con órganos nacionales de representación popular de otros países o de carácter multilateral; en los recesos, la Junta de Coordinación Política podrá hacer la designación a propuesta de su Presidente;
- Proponer al Pleno la integración de la comisión o comisiones a más tardar en la tercera sesión ordinaria del primer periodo de sesiones del primer año de la legislatura, cuando se presente una iniciativa con el carácter de preferente o se reciba el oficio del Ejecutivo Federal señalando dicho carácter a iniciativas presentadas con anterioridad;
- Aprobar el anteproyecto del presupuesto anual de la Cámara de Diputados;
- Analizar y en su caso aprobar el informe de ejecución presupuestal que reciba de la Secretaría General;
- Elaborar y proponer a la Conferencia para la Dirección y Programación de los Trabajos Legislativos el anteproyecto de la parte relativa del estatuto, por el cual se normará el servicio de carrera administrativo y financiero;
- Asignar, en los términos de esta ley, los recursos humanos, materiales y financieros, así como los locales que correspondan a los grupos parlamentarios;
- Proponer al Pleno la convocatoria para la designación del Consejero Presidente, de los consejeros electorales y de los titulares de los Órganos Internos de Control de los organismos con autonomía reconocida en la Constitución que ejerzan recursos del PEF, en los términos establecidos en la CPEUM, las leyes que regulan dichos organismos, la presente ley y el Reglamento de la Cámara de Diputados, así como los procedimientos que de ellas se deriven, con el consenso de los respectivos grupos parlamentarios.

Conferencia para la Dirección y Programación de los Trabajos legislativos
Órgano exclusivo de la Cámara baja, integrada por los dos órganos de gobierno.

Art. 37 y 38 LOCGEUM.

Se integra con el Presidente de la Cámara y los miembros de la Junta de Coordinación Política. El presidente de la cámara preside la conferencia, y supervisa el cumplimiento de sus acuerdos por parte de la Secretaria General. La conferencia deberá quedar integrada a más tardar al día siguiente que se constituya la JCP, se reunirá por lo menos cada 15 días en periodos se sesiones y cuando así lo dictamine durante los recesos, a convocatoria de su presidente o a solicitud de los coordinadores de por lo menos tres grupos parlamentarios. La conferencia adopta sus resoluciones por consenso y en caso de alcanzarse se toman por mayoría absoluta, mediante voto ponderado, de los coordinadores de los grupos parlamentarios, el presidente de la conferencia sólo vota en caso de empate.

La conferencia tiene las siguientes atribuciones:

a) Establecer el programa legislativo de los periodos de sesiones, teniendo como base las agendas presentadas por los grupos parlamentarios, el calendario para su desahogo, la integración básica del orden del día de cada sesión, así como las formas que seguirán los debates, las discusiones y deliberaciones;

b) Proponer al Pleno el proyecto de Estatuto que regirá la organización y funcionamiento de la Secretaría General, de las Secretarías de Servicios Parlamentarios y de Servicios Administrativos y Financieros, y demás centros y unidades, así como lo relativo a los servicios de carrera, en los términos previstos en esta ley;

c) Impulsar el trabajo de las comisiones para la elaboración y el cumplimiento de los programas legislativos;

d) Llevar al Pleno, para su aprobación, los nombramientos de Secretario General y de Contralor de la Cámara, en los términos que señala esta ley.

Organización Técnica y Administrativa del Senado de la República y la Secretaría Técnica de la Mesa Directiva

Art. 106 LOCGEUM

La Cámara de Senadores para el desahogo de sus tareas legislativas y administrativas, contará con una Secretaria General de Servicios Parlamentarios; una Secretaria General de Servicios Administrativos; y las unidades administrativas que acuerde la Mesa Directiva que dependerán directamente de la misma.

Art. 32 Estatuto de los Servicios Parlamentarios

1. La Secretaría Técnica de la Mesa es la Unidad responsable de auxiliar a su Presidente y demás integrantes, para el adecuado cumplimiento de sus responsabilidades de orden parlamentario y administrativo.

2. Para el cumplimiento de sus funciones, la Secretaría Técnica cuenta con el personal y la estructura necesarios, conforme lo autorice la Mesa en términos del Reglamento y de este Estatuto.

3. La Secretaría Técnica cuenta también con el apoyo de las secretarías generales, así como de las demás dependencias y unidades del Senado.

Secretaría Técnica de la Mesa Directiva

Art. 33 Estatuto de los Servicios Parlamentarios

1. A la Secretaría Técnica de la Mesa le corresponde:

a) Preparar los proyectos de orden del día, así como los documentos y demás elementos necesarios para las reuniones de trabajo de la Mesa;

b) Dar seguimiento al cumplimiento de los acuerdos administrativos o parlamentarios de la Mesa, en términos de las instrucciones de su Presidente;

c) Recibir la correspondencia oficial o de particulares dirigida al Presidente de la Mesa y darle el trámite que corresponda, conforme a los ordenamientos aplicables;

d) Recibir de la Junta, de los grupos parlamentarios, de las comisiones o de los senadores en lo particular, así como de las dependencias y unidades administrativas, las iniciativas, proposiciones, dictámenes, votos particulares, informes, comunicaciones, solicitudes y demás asuntos que deban integrarse en el orden del día de las sesiones del Pleno o desahogarse directamente por la Mesa;

e) Auxiliar al Presidente de la Mesa para la realización de las actividades de orden legislativo que le competen, conforme a lo señalado en la Ley y en el Reglamento; y

f) Verificar, con el apoyo de las secretarías generales de Servicios Parlamentarios y Servicios Administrativos, según corresponda, que los asuntos que deban plantearse a la mesa cumplan con los requisitos formales y técnicos que se establezcan al efecto en las normas correspondientes.

Junta de Coordinación Política

Art. 80, 81, 82 y 84 LOCGEUM. Naturaleza e Integración

La Junta de Coordinación Política es la expresión de la pluralidad de la Cámara y en tal carácter es el órgano colegiado en el que se impulsan entendimientos y convergencias para alcanzar acuerdos que permitan el cumplimiento de las facultades de la cámara.

Integración

- Al inicio del periodo constitucional de cada legislatura se conforma la JCP, la cual se integra por los coordinadores de los Grupos Parlamentarios representados en la legislatura. Adicionalmente, dos senadores por el Grupo Parlamentario mayoritario y uno por el Grupo Parlamentario que constituya la primera minoría de la legislatura.
- La JCP adoptará sus decisiones por el voto ponderado de los coordinadores de los Grupos Parlamentarios conforme al numero de senadoras y senadores con que cuente cada uno de sus respectivos grupos respecto del total de la cámara.
- Será Presidente de la JCP por el término de una legislatura el coordinador del Grupo Parlamentario que cuente con la mayoría absoluta del voto ponderado de la Junta. Si al iniciar la legislatura ningún coordinador cuenta con la mayoría absoluta del voto ponderado de la Junta, la presidencia será ejercida en forma alternada y para cada año legislativo, por los coordinadores de los Grupos Parlamentarios que cuenten con un número de senadores que representen, al menos, el 25% del total de la cámara.

Presidencia

- Atribuciones:
- Promover la adopción de los acuerdos necesarios para el adecuado desahogo de la agenda legislativa para cada periodo de sesiones;
- Proponer a la Junta el proyecto de programa legislativo para cada periodo de sesiones y calendario del mismo;
- Asegurar el cumplimiento de los Acuerdos de la Junta; y
- Representar a la Junta en el ámbito de su competencia ante los órganos de la propia Cámara y coordinar sus reuniones.

Atribuciones de la Junta de Coordinación Política

Art. 82 y 83 LOCGEUM.

La Junta de Coordinación Política sesionará, por lo menos, una vez a la semana durante los periodos de sesiones, y al menos una vez al mes durante los recesos; a las reuniones podrán asistir, previa convocatoria, los miembros de las juntas directivas de las comisiones, los senadores, o los funcionarios de la Cámara, siempre que se vaya a tratar un asunto de su respectiva competencia y dando previamente conocimiento al Presidente del Senado. Tendrá las siguientes atribuciones:

- Impulsar acuerdos con relación a las agendas presentadas por los distintos grupos parlamentarios, a fin de agilizar el trabajo legislativo;
- Presentar a la Mesa Directiva y al Pleno proyectos de puntos de acuerdo, pronunciamientos y declaraciones de la Cámara que entrañen una posición política del órgano colegiado;
- Proponer al Pleno la integración de las comisiones, y de sus respectivas Mesas Directivas, así como la designación de delegaciones para atender reuniones interparlamentarias con órganos nacionales de representación popular de otros países o de carácter multilateral; en los recesos, la Junta de Coordinación Política podrá hacer la designación a propuesta de su Presidente;
- Proponer al Pleno la integración de la comisión o comisiones a más tardar en la tercera sesión ordinaria del primer periodo de sesiones del primer año de la legislatura, cuando se presente una iniciativa con el carácter de preferente o se reciba el oficio del Ejecutivo Federal señalando dicho carácter a iniciativas presentadas con anterioridad;
- Aprobar el anteproyecto del presupuesto anual de la Cámara de Diputados;
- Analizar y en su caso aprobar el informe de ejecución presupuestal que reciba de la Secretaría General;
- Elaborar y proponer a la Conferencia para la Dirección y Programación de los Trabajos Legislativos el anteproyecto de la parte relativa del estatuto, por el cual se normará el servicio de carrera administrativo y financiero;
- Asignar, en los términos de esta ley, los recursos humanos, materiales y financieros, así como los locales que correspondan a los grupos parlamentarios;
- Proponer al Pleno la convocatoria para la designación del Consejero Presidente, de los consejeros electorales y de los titulares de los Órganos Internos de Control de los organismos con autonomía reconocida en la Constitución que ejerzan recursos del PEF, en los términos establecidos en la CPEUM, las leyes que regulan dichos organismos, la presente ley y el Reglamento de la Cámara de Diputados, así como los procedimientos que de ellas se deriven, con el consenso de los respectivos grupos parlamentarios.

FORMATOS PARA PRESENTACIÓN DE DOCUMENTOS PARLAMENTARIOS

Formato para presentación de dictamen durante el Periodo Ordinario

Formato para presentación de dictámenes durante el Periodo Ordinario (1 septiembre-15 diciembre) y (1 febrero-30 abril).

DICTAMEN DE LA COMISIÓN ... (o en su caso comisiones unidas... colocar con que otra comisión se dictamina) CON PROYECTO DE DECRETO POR EL QUE SE (REFORMA/ADICIONA/DEROGA) .... (Poner nombre del proyecto de decreto).

HONORABLE ASAMBLEA:

A la Comisión de ... *(o en su caso comisiones unidas de...)* le/les fue turnada para su análisis y estudio correspondiente la iniciativa con Proyecto de Decreto____________________.

Los integrantes de estas Comisiones Unidas, con fundamento en lo dispuesto por el artículo 72 de la Constitución Política de los Estados Unidos Mexicanos; 86, 89, 90, 94 y demás relativos de la Ley Orgánica del Congreso General de los Estados Unidos Mexicanos; los artículos 56, 60, 87, 88 y demás relativos del Reglamento para el Gobierno Interior del Congreso General; así como por el numeral 1, fracción I del artículo 8, 113, 117, 135, 150, 177, 178, 182, 183, 188, 190 y demás relativos del Reglamento del Senado de la República, sometemos a consideración del pleno de esta Honorable Asamblea el dictamen que se ha formulado en base a la siguiente:

Proemio

- Encabezado o título en el cual se especifica el asunto objeto del mismo, así como el ordenamiento u ordenamientos que se pretende establecer, modificar, derogar o abrogar.
- Nombre de las comisiones cuyos integrantes lo suscriben;
- Fundamentos legal y reglamentario;

(Art. 190 fracs. I, II y III del Reglamento del Senado)

METODOLOGÍA

I. En el capítulo de **"ANTECEDENTES"**

II. En el capítulo correspondiente a **"CONTENIDO DE LA INICIATIVA"**,

III. En el capítulo de **"CONSIDERACIONES"**,

IV. En el capítulo relativo al **"TEXTO NORMATIVO Y RÉGIMEN TRANSITORIO"**,

En el apartado de Metodología se hace una descripción de los capítulos que contiene el Dictamen así como lo que contiene cada uno de estos, lo que nos permite mostrar los pasos a seguir para poder dictaminar la Iniciativa que se ha turnado a las respectivas Comisiones. **(Art. 190 frac. VI del Reglamento del Senado)**

I. ANTECEDENTES DEL PROCESO LEGISLATIVO.

1. En sesión ordinaria del Senado de la República, celebrada el día __ de ___ del año ___, la/el Senador(a)_________ presentó ante el Pleno, Iniciativa con proyecto de decreto por el que se________________.

2. En esa misma fecha la Mesa Directiva turnó a las Comisiones Unidas de Gobernación y de _______, la iniciativa en mención, para su análisis y dictamen correspondiente.

1

SENADO DE LA REPÚBLICA LXII LEGISLATURA

Formato para presentación de dictámenes durante el Periodo Ordinario (1 septiembre-15 diciembre) y (1 febrero-30 abril).

DICTAMEN DE LA COMISIÓN ... (o en su caso comisiones unidas... colocar con que otra comisión se dictamina) CON PROYECTO DE DECRETO POR EL QUE SE (REFORMA/ADICIONA/DEROGA) .... (Poner nombre del proyecto de decreto).

3. Con fecha _______ de ____ la Mesa Directiva emitió excitativa para que se presentara el dictamen correspondiente. ***(en caso de que existiera excitativa).***

4. En sesión ordinaria/extraordinaria de las Comisiones Unidas de Gobernación y de ________, fue aprobado por (unanimidad/Mayoría) de los presentes el dictamen correspondiente.

En el Capítulo de Antecedentes se da constancia del trámite de inicio del proceso legislativo, de la recepción y del turno para la elaboración del dictamen de la referida iniciativa, así como de los trabajos previos de las Comisiones dictaminadoras **(Art. 190 frac. IV del Reglamento del Senado)**

En el capítulo denominado Contenido de la Iniciativa, se sintetizan las propuestas de la reforma en estudio.

II. CONTENIDO DE LA INICIATIVA

(DESCRIBIR INICIATIVA, SINTETIZAR PROPUESTA)

III. CONSIDERACIONES

(ARGUMENTOS A FAVOR O EN CONTRA QUE JUSTIFICAN EL SENTIDO DEL DICTAMEN)

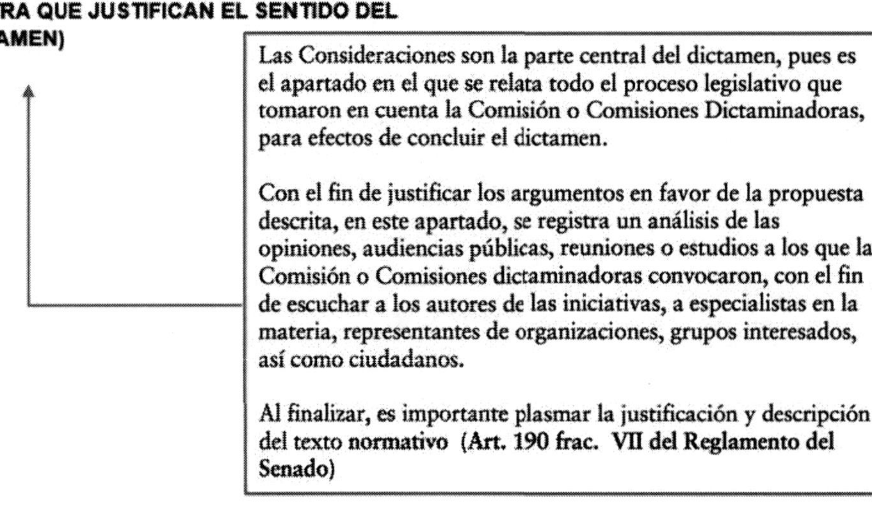
Las Consideraciones son la parte central del dictamen, pues es el apartado en el que se relata todo el proceso legislativo que tomaron en cuenta la Comisión o Comisiones Dictaminadoras, para efectos de concluir el dictamen.

Con el fin de justificar los argumentos en favor de la propuesta descrita, en este apartado, se registra un análisis de las opiniones, audiencias públicas, reuniones o estudios a los que la Comisión o Comisiones dictaminadoras convocaron, con el fin de escuchar a los autores de las iniciativas, a especialistas en la materia, representantes de organizaciones, grupos interesados, así como ciudadanos.

Al finalizar, es importante plasmar la justificación y descripción del texto **normativo (Art. 190 frac. VII del Reglamento del Senado)**

IV.TEXTO NORMATIVO Y RÉGIMEN TRANSITORIO

Por lo anteriormente expuesto, fundado y motivado, de acuerdo con la Constitución Política de los Estados Unidos Mexicanos, la Ley Orgánica del Congreso General de los Estados Unidos Mexicanos y el Reglamento del Senado de la República, sometemos a la consideración de esta soberanía, el siguiente proyecto de:

2

Formato para presentación de dictámenes durante el Periodo Ordinario (1 septiembre-15 diciembre) y (1 febrero-30 abril).

DICTAMEN DE LA COMISIÓN ... (o en su caso comisiones unidas... colocar con que otra comisión se dictamina) CON PROYECTO DE DECRETO POR EL QUE SE (REFORMA/ADICIONA/DEROGA) .... (Poner nombre del proyecto de decreto).

Los artículos se denominan como artículos de instrucción o intríngulis, es decir; la descripción del texto a reformar.

DECRETO POR EL QUE .... *(se colocan las disposiciones a reformar, adicionar o derogar y nombre de ley o leyes correspondientes).*

ARTÍCULO (ÚNICO O PRIMERO...). Se (*reforma, adiciona o deroga la fracción... o el artículo .... de la Ley ...*) para quedar como sigue:

Ejemplo:
Artículo 41 Bis. A la Secretaría de Cultura corresponde el despacho de los siguientes asuntos:
I. a XI. ...
*XII. Promover la producción cinematográfica, de radio y televisión y en la industria editorial temas de interés cultural y artístico y de aquéllas tendientes al mejoramiento cultural y la propiedad de **las lenguas nacionales**, así como diseñar, promover y proponer directrices culturales y artísticos en dichas producciones;*
XIII. a XXIV. ...

En este apartado se incluyen el artículo o los artículos propositivos o de instrucción en los que se identifican las disposiciones materia del proyecto: Reforma constitucional o reforma legal: nuevo ordenamiento, modificaciones, adiciones o derogaciones relacionadas con libros, títulos, capítulos, artículos, apartados, bases, fracciones, incisos o párrafos.

Se incluye el Texto completo de lo que se propone y que es precisamente la materia sustancial de la iniciativa, sujeta a dictamen, discusión y aprobación en el Pleno de las cámaras del Congreso de la Unión, promulgación y publicación por parte del Titular del Poder Ejecutivo Federal.
(Art. 190 frac. VIII del Reglamento del Senado)

TRANSITORIOS

ÚNICO. El presente Decreto entrará en vigor al día siguiente de su publicación en el Diario Oficial de la Federación. ***(puede haber más transitorios dependiendo del decreto de que se trate).***

Dado en _________ a los ______ días de ________ del ________. ***(colocar el lugar y la fecha de la reunión de la comisión para emitirlo).***

Los elementos técnicos para la elaboración de un dictamen se encuentran sustentados en el artículo 190 del Reglamento del Senado de la República.

El apartado de los Transitorios, tiene como finalidad determinar la vigencia y aplicación de los decretos, no deben ser de carácter normativo, aunque su cumplimiento es obligatorio.
(Art. 190 frac. VIII del Reglamento del Senado)

Lugar y fecha de la reunión de las comisiones unidas para emitirlo.
(Art. 190 frac. VIII del Reglamento del Senado)

Al dictamen se acompaña copia de las listas de asistencia a las reuniones de comisiones en las que fue acordado, así como de los demás documentos pertinentes.

En casos excepcionales las juntas directivas de las comisiones dictaminadoras pueden solicitar al Presidente de la Mesa se dispense la presentación de la copia de las listas de asistencia.

(Art. 191 numerales 1 y 2 del Reglamento del Senado)

Formato para presentación de dictamen para Proposiciones con Punto de Acuerdo durante el Periodo Ordinario

DICTAMEN DE LA COMISIÓN DE .... RESPECTO DE LA PROPOSICIÓN CON PUNTO DE ACUERDO POR EL QUE SE EXHORTA RESPETUOSAMENTE A... (colocar la propuesta).

HONORABLE ASAMBLEA:

A la Comisión de Gobernación le fue turnada para su análisis y estudio correspondiente la proposición con punto de acuerdo por el que se exhorta respetuosamente a */Se coloca la propuesta).*

Los integrantes de esta Comisión dictaminadora con fundamento en lo dispuesto por el artículo 90, 94 y demás relativos de la Ley Orgánica del Congreso General de los Estados Unidos Mexicanos; los artículos 60, 87, 88 del Reglamento para el Gobierno Interior del Congreso General; así como por el numeral 1, fracción II del artículo 8, 113, 117, 135, 150, 177, 178, 182, 183, 188, 190 y demás relativos del Reglamento del Senado de la República, sometemos a consideración del pleno de esta Honorable Asamblea el dictamen que se ha formulado en base a la siguiente:

El fundamento para la elaboración de los dictámenes relativos a las Proposiciones con Punto de Acuerdo cambia de los utilizados en los Dictámenes de Iniciativas

IV. RESOLUTIVO

Por lo anteriormente expuesto, fundado y motivado, de acuerdo con la Constitución Política de los Estados Unidos Mexicanos, la Ley Orgánica del Congreso General de los Estados Unidos Mexicanos y el Reglamento del Senado de la República, sometemos a la consideración de esta soberanía, la aprobación del siguiente:

PUNTO DE ACUERDO

ÚNICO. - *(AQUÍ SE DESCRIBE LA PROPOSICIÓN A MANERA DE EXHORTO, PRONUNCIAMIENTO O RECOMENDACIÓN, HECHAS A DISTINTAS AUTORIDADES DE GOBIERNO QUE ESTEN RELACIONADAS CON LA PROSICIÓN CON PUNTO DE ACUERDO).*

(PUEDEN EXISTIR UNO O MÁS ACUERDOS DEPENDIENDO LA PROPOSICIÓN DE QUE SE TRATE).

Dado en __________ a los _______ días de _________ del _________. ***(colocar el lugar y la fecha de la reunión de la comisión para emitirlo).***

En los Dictámenes en los que se hace el análisis de las Proposiciones con Punto de Acuerdo, no se señala un Decreto, si no se cambia por un capítulo de denominado Resolutivo, en todo lo demás el dictamen queda de la misma forma.

Formato para presentación de iniciativas durante el Periodo Ordinario (1 septiembre-15 diciembre) y (1 febrero-30 abril).

INICIATIVA CON PROYECTO DE DECRETO POR EL QUE SE (REFORMA/ADICIONA/DEROGAN) …… (colocar las disposiciones y nombre de la Ley).

Las y los suscritos, *(colocar el nombre de los legisladores que suscriben la iniciativa)* integrantes del Grupo Parlamentario *(colocar el partido al que pertenecen los legisladores promoventes de la iniciativa)* a la LXIII Legislatura del Congreso de la Unión, con fundamento en lo dispuesto por la fracción II del artículo 71 y el artículo 72 de la Constitución Política de los Estados Unidos Mexicanos; así como de lo dispuesto por numeral 1, fracción I del artículo 8, numeral 1 del artículo 164, 169 y 172 del Reglamento del Senado de la República, sometemos a consideración de esta Honorable Asamblea, la **Iniciativa con proyecto de decreto por el que se (reforman/adicionan/derogan)…..(*colocar las disposiciones y nombre de la Ley*)** con base en la siguiente:

EXPOSICIÓN DE MOTIVOS

(DESCRIBIR INICIATIVA O PROYECTO, ES DECIR DETALLAR LAS RAZONES QUE LA SUSTENTAN)

Es importante que lo anterior haga referencia específicamente aquellas razones que son necesarias para explicar el contexto, la finalidad y las virtudes de la propuesta frente al marco normativo actual.

Para ello, es importante que no solo sean supuestos subjetivos, sino que tengan su fundamento en un análisis cualitativo y de ser posible presentar, estudios o estar acompañado de valoraciones técnicas que avalen la propuesta.

En el mismo sentido, es importante presentar un propuesta o estudio de impacto que corresponda al tema; por ejemplo: impacto presupuestal, social, histórico, medio ambiental etc.

TEXTO NORMATIVO

Por lo anteriormente expuesto, fundado y motivado, de acuerdo con la Constitución Política de los Estados Unidos Mexicanos, la Ley Orgánica del Congreso General de los Estados Unidos Mexicanos y el Reglamento del Senado de la República, sometemos a la consideración de esta soberanía, el siguiente proyecto de:

(Los artículos se denominan como artículos de instrucción o intríngulis, es decir; la descripción del texto a reformar).

Formato para presentación de iniciativas durante el Periodo Ordinario (1 septiembre-15 diciembre) y (1 febrero-30 abril).

INICIATIVA CON PROYECTO DE DECRETO POR EL QUE SE (REFORMA/ADICIONA/DEROGAN) ...... (colocar las disposiciones y nombre de la Ley).

DECRETO POR EL QUE .... *(se colocan las disposiciones a reformar, adicionar o derogar y nombre de ley o leyes correspondientes).*

ARTÍCULO (ÚNICO O PRIMERO...). Se (*reforma, adiciona o deroga la fracción…o el artículo …. de la Ley …)* para quedar como sigue:

Ejemplo:
Artículo 41 Bis. A la Secretaría de Cultura corresponde el despacho de los siguientes asuntos:
I. a XI. ...
XII. Promover la producción cinematográfica, de radio y televisión y en la industria editorial temas de interés cultural y artístico y de aquéllas tendientes al mejoramiento cultural y la propiedad de ***las lenguas nacionales****, así como diseñar, promover y proponer directrices culturales y artísticos en dichas producciones;*
XIII. a XXIV. ...

RÉGIMEN TRANSITORIO

Tiene como finalidad determinar la vigencia y aplicación de los decretos, no deben ser de carácter normativo, aunque su cumplimiento es obligatorio.

TRANSITORIO

ÚNICO. El presente Decreto entrará en vigor al día siguiente de su publicación en el Diario Oficial de la Federación. ***(puede haber más transitorios dependiendo del decreto de que se trate).***

Dado en __________ a los _______ días de ____ del ________ ***(colocar el lugar y la fecha de formulación).***

(AL FINALIZAR SE COLOCA EL NOMBRE Y FIRMA DE LOS AUTORES DE LA INCIATIVA, EN SU CASO GRUPO PARLAMENTARIO DEL CUAL FORMAN PARTE).

Los criterios para la formulación de iniciativas se encuentran sustentados en el artículo 169 del Reglamento del Senado de la República.

Formato para presentación de iniciativas ante la Comisión Permanente.

INICIATIVA CON PROYECTO DE DECRETO POR EL QUE SE (REFORMA/ADICIONA/DEROGAN) ...... (colocar las disposiciones y nombre de la Ley).

Las y los suscritos, *(colocar el nombre de los legisladores que suscriben la iniciativa)* integrantes del Grupo Parlamentario *(colocar el partido al que pertenecen los legisladores promoventes de la iniciativa)* a la LXIII Legislatura del Congreso de la Unión, con fundamento en lo dispuesto por la fracción II del artículo 71 y fracción III del artículo 78 de la Constitución Política de los Estados Unidos Mexicanos; 116 y 122 de la Ley Orgánica del Congreso General de los Estados Unidos Mexicanos; así como de lo dispuesto por numeral 1, fracción I del artículo 8, numeral 1 del artículo 164 del Reglamento del Senado de la República, sometemos a consideración de esta Honorable Asamblea, la **Iniciativa con proyecto de decreto por el que se (reforman/adicionan/derogan).....(*colocar las disposiciones y nombre de la Ley*)** con base en la siguiente:

EXPOSICIÓN DE MOTIVOS

(DESCRIBIR INICIATIVA O PROYECTO, ES DECIR DETALLAR LAS RAZONES QUE LA SUSTENTAN)

Es importante que lo anterior haga referencia específicamente aquellas razones que son necesarias para explicar el contexto, la finalidad y las virtudes de la propuesta frente al marco normativo actual.

Para ello, es importante que no solo sean supuestos subjetivos, sino que tengan su fundamento en un análisis cualitativo y de ser posible presentar, estudios o estar acompañado de valoraciones técnicas que avalen la propuesta.

En el mismo sentido, es importante presentar un propuesta o estudio de impacto que corresponda al tema; por ejemplo: impacto presupuestal, social, histórico, medio ambiental etc.

TEXTO NORMATIVO

Por lo anteriormente expuesto, fundado y motivado, de acuerdo con la Constitución Política de los Estados Unidos Mexicanos, la Ley Orgánica del Congreso General de los Estados Unidos Mexicanos y el Reglamento del Senado de la República, sometemos a la consideración de esta soberanía, el siguiente proyecto de:

Los artículos se denominan como artículos de instrucción o intríngulis, es decir; la descripción del texto a reformar.

Formato para presentación de iniciativas ante la Comisión Permanente.

INICIATIVA CON PROYECTO DE DECRETO POR EL QUE SE (REFORMA/ADICIONA/DEROGAN) ...... (colocar las disposiciones y nombre de la Ley).

DECRETO POR EL QUE .... *(se colocan las disposiciones a reformar, adicionar o derogar y nombre de ley o leyes correspondientes).*

ARTÍCULO (ÚNICO O PRIMERO...). Se (*reforma, adiciona o deroga la fracción... o el artículo .... de la Ley ...)* para quedar como sigue:

Ejemplo:
Artículo 41 Bis. A la Secretaría de Cultura corresponde el despacho de los siguientes asuntos:
I. a XI. ...
XII. Promover la producción cinematográfica, de radio y televisión y en la industria editorial temas de interés cultural y artístico y de aquéllas tendientes al mejoramiento cultural y la propiedad de ***las lenguas nacionales****, así como diseñar, promover y proponer directrices culturales y artísticos en dichas producciones;*
XIII. a XXIV. ...

RÉGIMEN TRANSITORIO

Tiene como finalidad determinar la vigencia y aplicación de los decretos, no deben ser de carácter normativo, aunque su cumplimiento es obligatorio.

TRANSITORIO

ÚNICO. El presente Decreto entrará en vigor al día siguiente de su publicación en el Diario Oficial de la Federación. ***(puede haber más transitorios dependiendo del decreto de que se trate).***

Dado en ___________ a los ________ días de _____ del _________ *(colocar el lugar y la fecha de formulación).*

(AL FINALIZAR SE COLOCA EL NOMBRE Y FIRMA DE LOS AUTORES DE LA INCIATIVA, EN SU CASO GRUPO PARLAMENTARIO DEL CUAL FORMAN PARTE).

Los criterios para la formulación de iniciativas se encuentran sustentados en el artículo 169 del Reglamento del Senado de la República.

Formato para presentación de Proposiciones con Punto de Acuerdo durante el Periodo Ordinario.
(1 septiembre-15 diciembre) y (1 febrero-30 abril).

PROPOSICIÓN CON PUNTO DE ACUERDO MEDIANTE EL CUAL SE EXHORTA RESPETUOSAMENTE A (Colocar la propuesta).

Las y los suscritos, *(colocar el nombre de los legisladores que suscriben la iniciativa)* integrantes del Grupo Parlamentario *(colocar el partido al que pertenecen los legisladores promoventes de la iniciativa)* a la LXIII Legislatura del Congreso de la Unión, con fundamento en lo dispuesto por el numeral 1, fracciones II del artículo 8, 95, 176, 177, 276 y 277 del Reglamento del Senado de la Republica, sometemos a consideración de esta Honorable Asamblea, la **proposición con punto de acuerdo por el que se exhorta respetuosamente a).....(*colocar la propuesta*)** con base en las siguientes:

CONSIDERACIONES

(DESCRIBIR LA PROPUESTA, ES DECIR DETALLAR LAS RAZONES QUE LA SUSTENTAN)

Por lo anteriormente expuesto, fundado y motivado de acuerdo con lo dispuesto por la Constitución Política de los Estados Unidos Mexicanos, solicito a esta Soberanía, la siguiente proposición con:

PUNTO DE ACUERDO

ÚNICO. - *(AQUÍ SE DESCRIBE LA PROPOSICIÓN A MANERA DE EXHORTO, PRONUNCIAMIENTO O RECOMENDACIÓN, HECHAS A DISTINTAS AUTORIDADES DE GOBIERNO QUE ESTEN RELACIONADAS CON LA PROSICIÓN CON PUNTO DE ACUERDO).*

(PUEDEN EXISTIR UNO O MÁS ACUERDOS DEPENDIENDO LA PROPOSICIÓN DE QUE SE TRATE).

Dado en ___________ a los ________ días de _____ del _________ *(colocar el lugar y la fecha de formulación).*

(AL FINALIZAR SE COLOCA EL NOMBRE Y FIRMA DE LOS AUTORES DE LA PROPOSICIÓN, EN SU CASO GRUPO PARLAMENTARIO DEL CUAL FORMAN PARTE).

Formato para presentación de Proposiciones con Punto de Acuerdo ante la Comisión Permanente.

PROPOSICIÓN CON PUNTO DE ACUERDO POR EL QUE SE EXHORTA RESPETUOSAMENTE A (colocar la propuesta).

Las y los suscritos, *(colocar el nombre de los legisladores que suscriben la iniciativa)* integrantes del Grupo Parlamentario *(colocar el partido al que pertenecen los legisladores promoventes de la iniciativa)* a la LXIII Legislatura del Congreso de la Unión, con fundamento en lo dispuesto por los artículos 116, 122 de la Ley Orgánica del congreso General de los Estados Unidos Mexicanos; y 176, 177, 182, 276 y 277 del Reglamento del Senado de la Republica, sometemos a consideración del pleno de esta Comisión Permanente del congreso de la Unión, la **proposición con punto de acuerdo por el que se exhorta respetuosamente a).....(*colocar la propuesta*)** con base en las siguientes:

CONSIDERACIONES

(DESCRIBIR LA PROPUESTA, ES DECIR DETALLAR LAS RAZONES QUE LA SUSTENTAN)

Por lo anteriormente expuesto, fundado y motivado de acuerdo con lo dispuesto por la Constitución Política de los Estados Unidos Mexicanos, solicito a esta Soberanía, la siguiente proposición con:

PUNTO DE ACUERDO

ÚNICO. - *(AQUÍ SE DESCRIBE LA PROPOSICIÓN A MANERA DE EXHORTO, PRONUNCIAMIENTO O RECOMENDACIÓN, HECHAS A DISTINTAS AUTORIDADES DE GOBIERNO QUE ESTEN RELACIONADAS CON LA PROSICIÓN CON PUNTO DE ACUERDO).*

(PUEDEN EXISTIR UNO O MÁS ACUERDOS DEPENDIENDO LA PROPOSICIÓN DE QUE SE TRATE).

Dado en __________ a los ________ días de _____ del ________ *(colocar el lugar y la fecha de formulación).*

(AL FINALIZAR SE COLOCA EL NOMBRE Y FIRMA DE LOS AUTORES DE LA PROPOSICIÓN, EN SU CASO GRUPO PARLAMENTARIO DEL CUAL FORMAN PARTE).

Formato para presentación de dictámenes ante la Comisión Permanente.

DICTAMEN DE LA (primera, segunda o tercera comisión de.........-según sea el caso) RESPECTO DE LA PROPOSICIÓN CON PUNTO DE ACUERDO/DECRETO POR EL QUE SE EXHORTA RESPETUOSAMENTE A .... (colocar la propuesta).

HONORABLE ASAMBLEA:

A la *(primera, segunda o tercera comisión ...según sea el caso)* les fue turnada para su análisis y estudio correspondiente la proposición con punto de acuerdo por el que se exhorta respetuosamente a */Se coloca la propuesta).*

Con fundamento en lo dispuesto por el artículo 78, fracción 111 , de la Constitución Política de los Estados Unidos Mexicanos; los artículos 116 y 122, párrafo 1, de la Ley Orgánica del Congreso General de los Estados Unidos Mexicanos; y 58, 60, 87, 88, 175 y 176 del Reglamento para el Gobierno Interior del Congreso General de los Estados Unidos Mexicanos, los miembros de esta *(primera, segunda o tercera Comisión... según sea el caso)* que suscriben, someten a la consideración del Pleno de la Comisión Permanente del Congreso de la Unión el presente dictamen, con base en la siguiente

METODOLOGÍA

I. En el capítulo de **"ANTECEDENTES"**, se da constancia del trámite de inicio del proceso legislativo, de la recepción y del turno para la elaboración del dictamen de la referida iniciativa, así como de los trabajos previos de las Comisiones dictaminadoras.

II. En el capítulo correspondiente a **"CONTENIDO DE LA PROPOSICIÓN"**, se sintetizan las propuestas de la reforma en estudio.

III. En el capítulo de **"CONSIDERACIONES"**, se expresan las razones que sustentan la valoración de la propuesta de reforma.

IV. "**RESOLUTIVO**", Se presenta la propuesta susceptible de su deliberación y votación por parte del Pleno de la Comisión Permanente.

I. ANTECEDENTES

1. En sesión ordinaria del Senado de la República, celebrada el día __ de ___ del año ___, la/el Senador(a)_________ presentó ante el Pleno de la Comisión Permanente la proposición con punto de acuerdo por el que se exhorta respetuosamente a____________.

2. En esa misma fecha la Mesa Directiva turnó a la (*primera, segunda o tercera Comisión… según sea el caso)* de _________, la proposición con punto de acuerdo en mención para su análisis y dictamen correspondiente.

Formato para presentación de dictámenes ante la Comisión Permanente.

DICTAMEN DE LA (primera, segunda o tercera comisión de.........-según sea el caso) RESPECTO DE LA PROPOSICIÓN CON PUNTO DE ACUERDO/DECRETO POR EL QUE SE EXHORTA RESPETUOSAMENTE A .... (colocar la propuesta).

II. CONTENIDO DEL PUNTO DE ACUERDO

(DESCRIBIR LA PROPOSICIÓN)

III. CONSIDERACIONES DE LA COMISIÓN

(ARGUMENTOS A FAVOR O EN CONTRA QUE JUSTIFICAN EL SENTIDO DEL DICTAMEN)

IV. RESOLUTIVO

Por lo anteriormente expuesto, fundado y motivado, de acuerdo con la Constitución Política de los Estados Unidos Mexicanos, la Ley Orgánica del Congreso General de los Estados Unidos Mexicanos y el Reglamento del Senado de la República, sometemos a la consideración de esta soberanía, la aprobación del siguiente:

PUNTO DE ACUERDO

ÚNICO. - *(AQUÍ SE DESCRIBE LA PROPOSICIÓN A MANERA DE EXHORTO, PRONUNCIAMIENTO O RECOMENDACIÓN, HECHAS A DISTINTAS AUTORIDADES DE GOBIERNO QUE ESTEN RELACIONADAS CON LA PROSICIÓN CON PUNTO DE ACUERDO).*

(PUEDEN EXISTIR UNO O MÁS ACUERDOS DEPENDIENDO LA PROPOSICIÓN DE QUE SE TRATE, Y EN ESTE CASO ES LA COMISION PERMANENENTE DEL CONGRESO DE LA UNIÓN QUIEN EXHORTA A DISTINTAS AUTORIDADES DE GOBIERNO).

Dado en __________ a los _______ días de _________ del _________. ***(colocar el lugar y la fecha de la reunión de la comisión para emitirlo).***

Formato para presentación de dictámenes ante la Comisión Permanente.

DICTAMEN DE LA (primera, segunda o tercera comisión de.........-según sea el caso) RESPECTO DE LA PROPOSICIÓN CON PUNTO DE ACUERDO/DECRETO POR EL QUE SE EXHORTA RESPETUOSAMENTE A .... (colocar la propuesta).

NOTA: La Comisión Permanente del Congreso de la Unión, por ningún motivo resuelve sobre iniciativas de reforma, adición o Ley, no obstante, sus resoluciones atienden al artículo 70 y 78 constitucional por lo que los acuerdos o resolutivos tendrán el carácter de decreto.

Durante la Comisión Permanente se crean Comisiones Especiales, denominadas:

- Primera Comisión de Gobernación, Puntos Constitucionales y de Justicia.
- Segunda Comisión de Relaciones Exteriores, Defensa Nacional y Educación Pública.
- Tercera Comisión de Hacienda y Crédito Público, Agricultura y Fomento Comunicaciones y Obras Públicas.

Estas comisiones son creadas con el objetivo de desahogar los temas referidos a Preposiciones con Punto de Acuerdo.

El artículo 78 de la Constitución Política de los Estados Unidos Mexicanos establece lo siguiente, respecto de la Comisión Permanente:

El artículo 78 de la Constitución Política de los Estados Unidos Mexicanos establece lo siguiente, respecto de la Comisión Permanente:

Artículo 78.- Durante los recesos del Congreso de la Unión habrá una Comisión Permanente compuesta de 37 miembros de los que 19 serán diputados y 18 senadores, nombrados por sus respectivas Cámaras la víspera de la clausura de los periodos ordinarios de sesiones. Para cada titular las Cámaras nombrarán, de entre sus miembros en ejercicio, un sustituto.

La Comisión Permanente, además de las atribuciones que expresamente le confiere esta Constitución, tendrá las siguientes:

I. Prestar su consentimiento para el uso de la Guardia Nacional en los casos de que habla el artículo 76 fracción IV;

II. Recibir, en su caso, la protesta del Presidente de la República;

III. Resolver los asuntos de su competencia; recibir durante el receso del Congreso de la Unión las iniciativas de ley, las observaciones a los proyectos de ley o decreto que envíe el Ejecutivo y proposiciones dirigidas a las Cámaras y turnarlas para dictamen a las comisiones de la Cámara a la que vayan dirigidas, a fin de que se despachen en el inmediato periodo de sesiones;

IV. Acordar por sí o a propuesta del Ejecutivo, la convocatoria del Congreso o de una sola Cámara a sesiones extraordinarias, siendo necesario en ambos casos el voto de las dos terceras partes de los individuos presentes. La convocatoria señalará el objeto u objetos de las sesiones extraordinarias. Cuando la convocatoria sea al Congreso General para que se erija en Colegio

Formato para presentación de dictámenes ante la Comisión Permanente.

DICTAMEN DE LA (primera, segunda o tercera comisión de.........-según sea el caso) RESPECTO DE LA PROPOSICIÓN CON PUNTO DE ACUERDO/DECRETO POR EL QUE SE EXHORTA RESPETUOSAMENTE A .... (colocar la propuesta).

Electoral y designe presidente interino o substituto, la aprobación de la convocatoria se hará por mayoría.

V. (Derogada);

VI. Conceder licencia hasta por sesenta días naturales al Presidente de la República;

VII. Ratificar los nombramientos que el Presidente haga de embajadores, cónsules generales, empleados superiores de Hacienda, integrantes del órgano colegiado encargado de la regulación en materia de energía, coroneles y demás jefes superiores del Ejército, Armada y Fuerza Aérea Nacionales, en los términos que la ley disponga, y

VIII. Conocer y resolver sobre las solicitudes de licencia que le sean presentadas por los legisladores.

Formato para presentación de dictamen para Proposiciones con Punto de Acuerdo durante el Periodo Ordinario.
(1 septiembre-15 diciembre) y (1 febrero-30 abril)

DICTAMEN DE LA COMISIÓN DE .... RESPECTO DE LA PROPOSICIÓN CON PUNTO DE ACUERDO POR EL QUE SE EXHORTA RESPETUOSAMENTE A... (colocar la propuesta).

HONORABLE ASAMBLEA:

A la Comisión de Gobernación le fue turnada para su análisis y estudio correspondiente la proposición con punto de acuerdo por el que se exhorta respetuosamente a */Se coloca la propuesta).*

Los integrantes de esta Comisión dictaminadora con fundamento en lo dispuesto por el artículo 90, 94 y demás relativos de la Ley Orgánica del Congreso General de los Estados Unidos Mexicanos; los artículos 60, 87, 88 del Reglamento para el Gobierno Interior del Congreso General; así como por el numeral 1, fracción II del artículo 8, 113, 117, 135, 150, 177, 178, 182, 183, 188, 190 y demás relativos del Reglamento del Senado de la República, sometemos a consideración del pleno de esta Honorable Asamblea el dictamen que se ha formulado en base a la siguiente:

METODOLOGÍA

I. En el capítulo de **"ANTECEDENTES"**, se da constancia del trámite de inicio del proceso legislativo, de la recepción y del turno para la elaboración del dictamen de la referida iniciativa, así como de los trabajos previos de las Comisiones dictaminadoras.

II. En el capítulo correspondiente a **"CONTENIDO DEL PUNTO DE ACUERDO"**, se sintetizan las propuestas de la reforma en estudio.

III. En el capítulo de **"CONSIDERACIONES"**, se expresan las razones que sustentan la valoración de la propuesta de reforma.

IV. "**RESOLUTIVO",** Se presenta la propuesta susceptible de su deliberación y votación.

I. ANTECEDENTES

1. En sesión ordinaria del Senado de la República, celebrada el día __ de ___ del año ___, la/el Senador(a)_________ presentó ante el Pleno, la proposición con punto de acuerdo por el que se exhorta respetuosamente a____________.

2. En esa misma fecha la Mesa Directiva turnó a la Comisión de _________, la proposición con punto de acuerdo en mención para su análisis y dictamen correspondiente.

Formato para presentación de dictamen para Proposiciones con Punto de Acuerdo durante el Periodo Ordinario.
(1 septiembre-15 diciembre) y (1 febrero-30 abril)

DICTAMEN DE LA COMISIÓN DE .... RESPECTO DE LA PROPOSICIÓN CON PUNTO DE ACUERDO POR EL QUE SE EXHORTA RESPETUOSAMENTE A... (colocar la propuesta).

II. CONTENIDO DEL PUNTO DE ACUERDO

(DESCRIBIR LA PROPOSICIÓN)

III. CONSIDERACIONES DE LA COMISIÓN

(ARGUMENTOS A FAVOR O EN CONTRA QUE JUSTIFICAN EL SENTIDO DEL DICTAMEN)

IV. RESOLUTIVO

Por lo anteriormente expuesto, fundado y motivado, de acuerdo con la Constitución Política de los Estados Unidos Mexicanos, la Ley Orgánica del Congreso General de los Estados Unidos Mexicanos y el Reglamento del Senado de la República, sometemos a la consideración de esta soberanía, la aprobación del siguiente:

PUNTO DE ACUERDO

ÚNICO. - *(AQUÍ SE DESCRIBE LA PROPOSICIÓN A MANERA DE EXHORTO, PRONUNCIAMIENTO O RECOMENDACIÓN, HECHAS A DISTINTAS AUTORIDADES DE GOBIERNO QUE ESTEN RELACIONADAS CON LA PROSICIÓN CON PUNTO DE ACUERDO).*

(PUEDEN EXISTIR UNO O MÁS ACUERDOS DEPENDIENDO LA PROPOSICIÓN DE QUE SE TRATE).

Dado en __________ a los _______ días de _________ del _________. ***(colocar el lugar y la fecha de la reunión de la comisión para emitirlo).***

Formato para presentación de dictámenes durante el Periodo Ordinario (1 septiembre-15 diciembre) y (1 febrero-30 abril).

DICTAMEN DE LA COMISIÓN ... (o en su caso comisiones unidas... colocar con que otra comisión se dictamina) CON PROYECTO DE DECRETO POR EL QUE SE (REFORMA/ADICIONA/DEROGA) .... (Poner nombre del proyecto de decreto).

HONORABLE ASAMBLEA:

A la Comisión de … *(o en su caso comisiones unidas de…)* le/les fue turnada para su análisis y estudio correspondiente la iniciativa con Proyecto de Decreto____________________.

Los integrantes de estas Comisiones Unidas, con fundamento en lo dispuesto por el artículo 72 de la Constitución Política de los Estados Unidos Mexicanos; 86, 89, 90, 94 y demás relativos de la Ley Orgánica del Congreso General de los Estados Unidos Mexicanos; los artículos 56, 60, 87, 88 y demás relativos del Reglamento para el Gobierno Interior del Congreso General; así como por el numeral 1, fracción I del artículo 8, 113, 117, 135, 150, 177, 178, 182, 183, 188, 190 y demás relativos del Reglamento del Senado de la República, sometemos a consideración del pleno de esta Honorable Asamblea el dictamen que se ha formulado en base a la siguiente:

METODOLOGÍA

I. En el capítulo de **"ANTECEDENTES"**, se da constancia del trámite de inicio del proceso legislativo, de la recepción y del turno para la elaboración del dictamen de la referida iniciativa, así como de los trabajos previos de las Comisiones dictaminadoras.

II. En el capítulo correspondiente a **"CONTENIDO DE LA INICIATIVA"**, se sintetizan las propuestas de la reforma en estudio.

III. En el capítulo de **"CONSIDERACIONES"**, se expresan las razones que sustentan la valoración de la propuesta de reforma.

IV. En el capítulo relativo al **"TEXTO NORMATIVO Y RÉGIMEN TRANSITORIO"**, se plantea el Decreto por el que se reforma el inciso b) del numeral 4 del artículo 243 de la Ley General de Instituciones y Procedimientos Electorales.

I. ANTECEDENTES DEL PROCESO LEGISLATIVO.

1. En sesión ordinaria del Senado de la República, celebrada el día __ de ___ del año ___, la/el Senador(a)_________ presentó ante el Pleno, Iniciativa con proyecto de decreto por el que se________________.

2. En esa misma fecha la Mesa Directiva turnó a las Comisiones Unidas de Gobernación y de _______, la iniciativa en mención, para su análisis y dictamen correspondiente.

Formato para presentación de dictámenes durante el Periodo Ordinario (1 septiembre-15 diciembre) y (1 febrero-30 abril).

DICTAMEN DE LA COMISIÓN ... (o en su caso comisiones unidas... colocar con que otra comisión se dictamina) CON PROYECTO DE DECRETO POR EL QUE SE (REFORMA/ADICIONA/DEROGA) .... (Poner nombre del proyecto de decreto).

3. Con fecha _______ de ____ la Mesa Directiva emitió excitativa para que se presentara el dictamen correspondiente. ***(en caso de que existiera excitativa).***

4. En sesión ordinaria/extraordinaria de las Comisiones Unidas de Gobernación y de ________, fue aprobado por (unanimidad/Mayoría) de los presentes el dictamen correspondiente.

II. CONTENIDO DE LA INICIATIVA

(DESCRIBIR INICIATIVA, SINTETIZAR PROPUESTA)

III. CONSIDERACIONES

(ARGUMENTOS A FAVOR O EN CONTRA QUE JUSTIFICAN EL SENTIDO DEL DICTAMEN)

En este caso, las consideraciones son la parte central del dictamen, pues es el apartado en el que se relata todo el proceso legislativo que tomaron en cuenta la Comisión o Comisiones Dictaminadoras, para efectos de concluir el dictamen.

Con el fin de justificar los argumentos en favor de la propuesta descrita, en este apartado, se registra un análisis de las opiniones, audiencias públicas, reuniones o estudios a los que la Comisión o Comisiones dictaminadoras convocaron, con el fin de escuchar a los autores de las iniciativas, a especialistas en la materia, representantes de organizaciones, grupos interesados, así como ciudadanos.

Al finalizar, es importante plasmar la justificación y descripción del texto normativo.

IV. TEXTO NORMATIVO Y RÉGIMEN TRANSITORIO

Por lo anteriormente expuesto, fundado y motivado, de acuerdo con la Constitución Política de los Estados Unidos Mexicanos, la Ley Orgánica del Congreso General de los Estados Unidos Mexicanos y el Reglamento del Senado de la República, sometemos a la consideración de esta soberanía, el siguiente proyecto de:

Formato para presentación de dictámenes durante el Periodo Ordinario (1 septiembre-15 diciembre) y (1 febrero-30 abril).

DICTAMEN DE LA COMISIÓN ... (o en su caso comisiones unidas... colocar con que otra comisión se dictamina) CON PROYECTO DE DECRETO POR EL QUE SE (REFORMA/ADICIONA/DEROGA) .... (Poner nombre del proyecto de decreto).

Los artículos se denominan como artículos de instrucción o intríngulis, es decir; la descripción del texto a reformar.

DECRETO POR EL QUE .... *(se colocan las disposiciones a reformar, adicionar o derogar y nombre de ley o leyes correspondientes).*

ARTÍCULO (ÚNICO O PRIMERO...). Se (*reforma, adiciona o deroga la fracción... o el artículo .... de la Ley ...)* para quedar como sigue:

Ejemplo:
Artículo 41 Bis. A la Secretaría de Cultura corresponde el despacho de los siguientes asuntos:
I. a XI. ...
XII. Promover la producción cinematográfica, de radio y televisión y en la industria editorial temas de interés cultural y artístico y de aquéllas tendientes al mejoramiento cultural y la propiedad de ***las lenguas nacionales****, así como diseñar, promover y proponer directrices culturales y artísticos en dichas producciones;*
XIII. a XXIV. ...

TRANSITORIOS

Tiene como finalidad determinar la vigencia y aplicación de los decretos, no deben ser de carácter normativo, aunque su cumplimiento es obligatorio.

ÚNICO. El presente Decreto entrará en vigor al día siguiente de su publicación en el Diario Oficial de la Federación. ***(puede haber más transitorios dependiendo del decreto de que se trate).***

Dado en __________ a los _______ días de _________ del _________. ***(colocar el lugar y la fecha de la reunión de la comisión para emitirlo).***

Los elementos técnicos para la elaboración de un dictamen se encuentran sustentados en el artículo 190 del Reglamento del Senado de la República.

PROCEDIMIENTOS JURISDICCIONALES

Juicio Político

LFRSP. Art. 12 a)

- Se presenta denuncia **ante Secretaría General de la Cámara de Diputados**

LFRSP. Art. 12 b)

- **La turna a Comisiones Unidas** de Gobernación y Justicia.

LFRSP. Art. 12 b), c) y d)

- Subcomisión de Examen Previo tiene 30 días para determinar si es procedente y si hay pruebas.
- Si no procede, desecha.
- Si procede, remite al Pleno de Comisiones de Gobernación y Justicia

Comisiones de Gobernación y Justicia forman Subcomisión de Examen Previo con 14 diputados (7 de cada Comisión: El Presidente, 1 Secretario y 5 integrantes de cada una de ellas)

LFRSP. Art. 10

Pleno de Comisiones Unidas de Gobernación y Justicia, analiza y remite a **Sección Instructora que analiza casos por RIGUROSO TURNO.**

LFRSP. Art. 12 e) y 31

Sección Instructora tiene 60 días para realizar diligencias e investigaciones y determinar si ha lugar o no al proceso.

LFRSP. Arts. 15 a 18

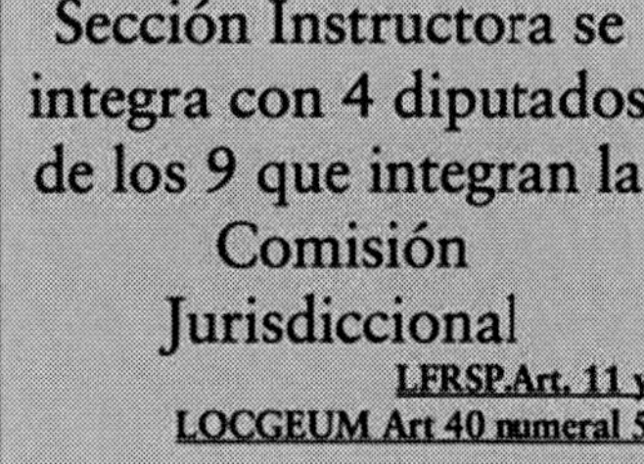

Sección Instructora se integra con 4 diputados de los 9 que integran la Comisión Jurisdiccional

LFRSP.Art. 11 y LOCGEUM Art 40 numeral 5

Si procede la acusación, las conclusiones se remiten a Secretarios de la Mesa Directiva y por su conducto al Presidente de la Cámara para que cite al Pleno y se erija en **Jurado de Acusación.**

LFRSP. Art. 20

Pleno de la Cámara de Diputados decide por mayoría absoluta que ha lugar de juicio político.

Lo remite al Senado y designa a tres diputados

LFRSP.Art. 20

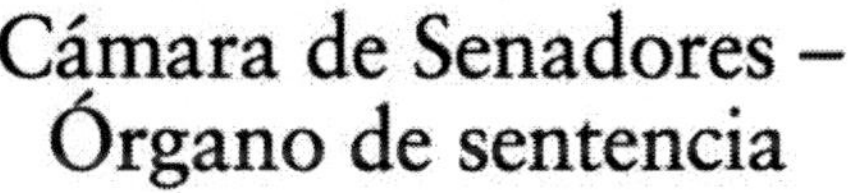

Sección de Enjuiciamiento debe de derivar de una Comisión Jurisdiccional o similar, en el Senado, que hoy no existe, por lo que tiene que definirse su integración, con 4 Senadores.

Lo turna a **Sección de Enjuiciamiento** que tiene 60 días para desarrollar diligencias y escuchar al acusado y acusadores

Si ha lugar, lo remitirá Dictamen el Pleno y el Presidente de la Cámara citará a sesión para erigirse en **Jurado de Procedencia** que resolverá la resolución final

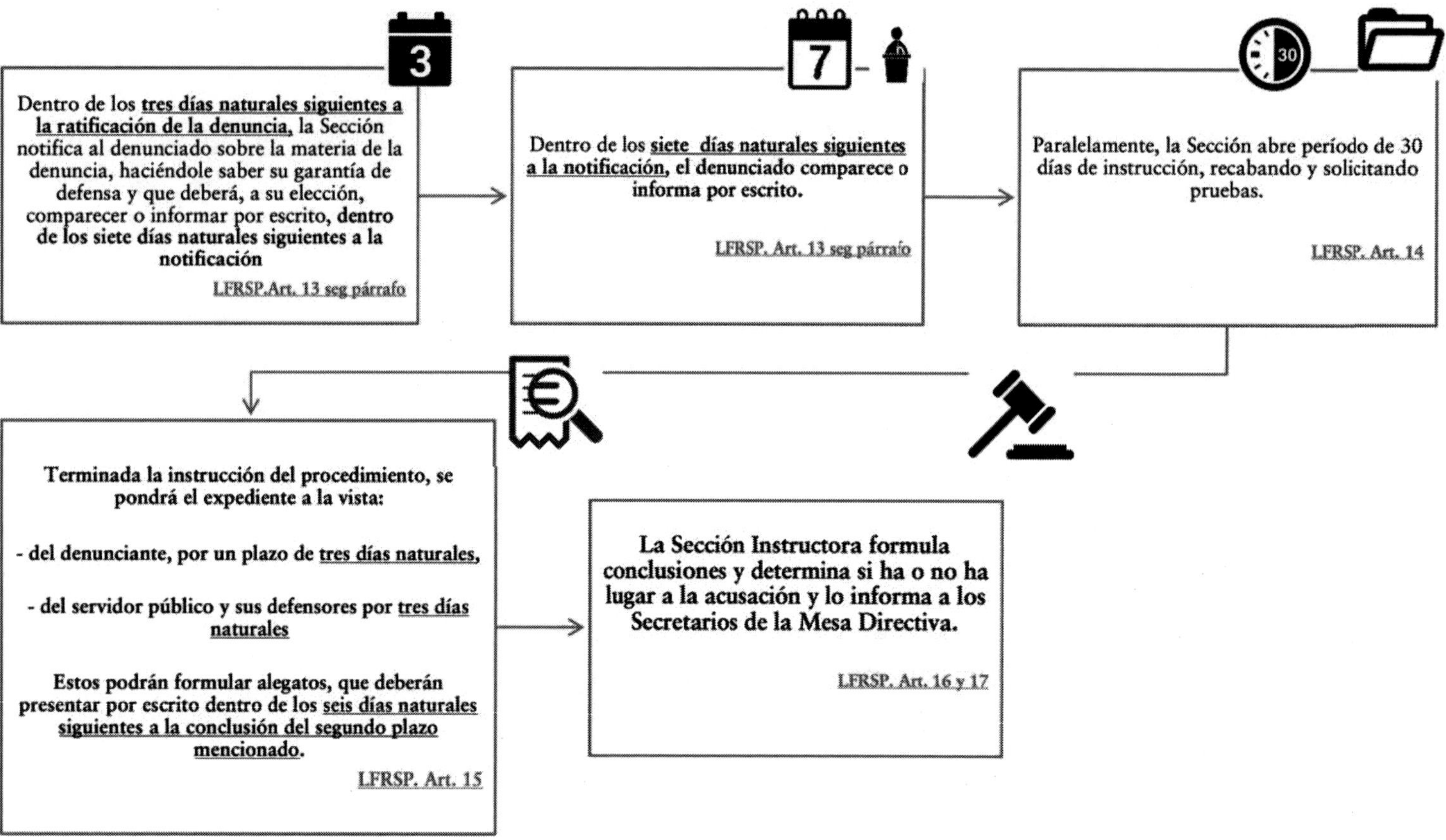
3
Dentro de los tres días naturales siguientes a la ratificación de la denuncia, la Sección notifica al denunciado sobre la materia de la denuncia, haciéndole saber su garantía de defensa y que deberá, a su elección, comparecer o informar por escrito, dentro de los siete días naturales siguientes a la notificación
LFRSP.Art. 13 seg párrafo
7
Dentro de los siete días naturales siguientes a la notificación, el denunciado comparece o informa por escrito.
LFRSP. Art. 13 seg párrafo
30
Paralelamente, la Sección abre período de 30 días de instrucción, recabando y solicitando pruebas.
LFRSP. Art. 14
Terminada la instrucción del procedimiento, se pondrá el expediente a la vista:
- del denunciante, por un plazo de tres días naturales,
- del servidor público y sus defensores por tres días naturales
Estos podrán formular alegatos, que deberán presentar por escrito dentro de los seis días naturales siguientes a la conclusión del segundo plazo mencionado.
LFRSP. Art. 15
La Sección Instructora formula conclusiones y determina si ha o no ha lugar a la acusación y lo informa a los Secretarios de la Mesa Directiva.
LFRSP. Art. 16 y 17

Declaración de Procedencia

LFRSP. Art. 26

Dada cuenta del dictamen correspondiente, el Presidente de la Cámara anunciará a ésta que debe erigirse en Jurado de Procedencia al día siguiente a la fecha en que se hubiese depositado el dictamen, haciéndolo saber al inculpado y a su defensor, así como al denunciante, al querellante o al Ministerio Público, en su caso.

LFRSP. Art. 20

El día designado, previa declaración al Presidente de la Cámara, ésta conocerá en Asamblea del dictamen que la Sección le presente.

Se escucha al denunciante y al denunciado hasta por dos ocasiones.

LFRSP. Art. 111 CPEUM

Por lo que toca a los servidores públicos de las entidades federativas, diputados locales, magistrados de los Tribunales de Justicia locales, y integrantes de los organismos con autonomía de las entidades federativas, la "declaración de procedencia" emitida por el Congreso de la Unión, se comunicará a las Legislaturas Locales, para que en ejercicio de sus atribuciones procedan como corresponda.

Agradecimientos especiales

Especial mención merecen mi más leal compañera de vida parlamentaria Mariel Estefanía Hernández Hernández (Marielinguis) y el gran jurisconsulto Eduardo Gabriel Barrera Roblero (Lalito), así como mis compañeras y colegas, Irma Dolores Vázquez (Irmilinguis), Elizabeth Ramírez Paz (Osita Paz); quienes contribuyeron significativamente en la elaboración de este libro, tanto en la segmentación de la información, como en la elaboración de los esquemas, para que pueda ser una obra presentada de manera didáctica, y cumplir los fines que se proponen, que sea de fácil entendimiento y de útil referencia. Igualmente a Milagros (Mili) Pérez Gaxiola, por el impulso a publicarlo. Gracias infinitas por creer en este pequeño proyecto.